U0015032

香海文化

香海文化

星雲說喻 六

星雲大師略傳

星雲大師，中國江蘇江都人，生於一九二七年。幼年家貧，輟學，父母因忙於家務，隨外祖母長居多時，後盧溝橋中日戰起，父應於一九三八年間因戰火罹難，與母尋父，有緣於南京棲霞山禮志開上人披剃，實際祖

庭為江蘇宜興大覺寺。一九四七年焦山佛學院畢業，期間歷經宗下、教下、律下等叢林完整的佛門教育。之後應聘為白塔國民小學校長、《怒濤月刊》主編、南京華藏寺住持等。

一九四九年至臺，擔任「臺灣佛教講習會」教務主任及主編《人生雜誌》。

一九五三年任宜蘭念佛會導師；一九五七年於臺北創辦佛教文化服務處；一九六四年建設高雄壽山寺，創辦壽山佛學院；一九六七年於高雄開創佛光山，樹立「以文化弘揚佛法，以教育培養人才，以慈善福利社會，以共修淨化人心」之宗旨，致力推動「人間佛教」，並融古匯今，手訂規章制度，印行《佛光山清規》，將佛教帶往現代化的新里程碑。

大師出家八十餘年，於全球創建三百餘所寺院，如美國西來寺、澳洲南天寺、非洲南華寺、巴西如來寺等，均為當地第一大寺。此外，並創辦十六所佛教學院、二十五所美術館、圖書館、出版社、書局、五十部「雲水書坊」行動圖書館、五十餘所中華學校，暨智光商工、普門中學、均頭中小學、均一中小學和多所幼兒園等。以及先後創辦美國西來大學、臺灣南華大學、佛光大學、澳洲南天大學及菲律賓光明大學等。二〇〇六年，西來大學正式成為美國大學西區聯盟（WASC）會員，為美國首座由中國人創辦並獲得該項榮譽之大學；二〇一〇年澳洲南天大學通過政府高等教育品質與標準署（TEQSA）認證。二〇一五年，五校整合成為第一個跨國又跨洲的國際性「佛光山系統大學」。

一九七〇年起，相繼成立育幼院、佛光精舍、慈悲基金會，設立仁愛之家、雲水醫院、佛光診所、雲水護智車，協助高雄縣政府開辦老人公寓，並於大陸捐獻佛光中、小學和佛光醫院數十所，並於全球捐贈輪椅、組合屋，從事急難救助，育幼養老，扶弱濟貧。

一九七六年《佛光學報》創刊，翌年成立「佛光大藏經編修委員會」，重新標點分段，編纂《佛光大藏經》近千冊暨編印《佛光大辭典》。一九八八年成立「佛光山文教基金會」，舉辦學術會議、出版學術論文集、期刊等；一九九七年出版《中國佛教經典寶藏精選白話版》一三二冊、《佛光大辭典》

光碟版，設立「佛光衛星電視臺」（後更名為「人間衛視」），並於臺中協辦「全國廣播電臺」。二〇〇〇年《人間福報》創刊，成為第一份由佛教界發行的日報。

二〇〇一年發行二十餘年的《普門雜誌》轉型為《普門學報》論文雙月刊（二〇一六年復刊更名為《人間佛教學報・藝文》）；同時期，收錄海峽兩岸有關佛學的碩、博士論文及世界各地漢文論文，輯成《法藏文庫・中國佛教學術論典》共一一〇冊。二〇一三年，出版《世界佛教美術圖說大辭典》二十巨冊，二〇一四年出版《佛光大辭典》增訂版十大冊、《獻給旅行者365日——中華文化佛教寶典》，以及《金玉滿堂》人間佛教教材。

大師著作等身，撰有《釋迦牟尼佛傳》、《佛教叢書》、《往事百語》、《佛光教科書》、《佛光祈願文》、《六祖壇經講話》、《迷悟之間》、《人間佛教系列》、《當代人心思潮》、《人間佛教論文集》、《人間佛教當代問題座談會》、《人間佛教語錄》、《僧事百講》、《百年佛緣》、《貧僧有話要說》、《人間佛教佛陀本懷》及《星雲大師全集》等，總計三千餘萬言，並譯成英、德、法、日、韓、西、葡等二十餘種語言，流通世界各地。

大師教化弘廣，有來自世界各地跟隨出家之弟子二千餘人，全球信眾達數百萬，傳法法子百餘人，遍及大陸各省以及海內外如日本、韓國、香港、新加坡、澳洲等地，如韓國頂宇法師、南京佛教協會會長隆相法師、保定佛教協會會長真廣法師、錦州佛教協會會長道極法師、中國佛教協會常務理事道堅法師等。一九九二年於美國洛杉磯正式成立國際佛光會，被推為世界總會總會長；至今於五大洲一百七十餘個國家地區成立協會，成為全球華人最大的社團，實踐「佛光普照三千界，法水長流五大洲」的理想。

佛光會先後在世界各大名都，如：洛杉磯、多倫多、雪梨、巴黎、香港、東京等地召開世界會員大會，與會代表五千人以上；二〇〇三年，通過聯合國審查肯定，正式成為「聯合國非政府組織」（NGO）會員。歷年來，大師提出「歡喜與融和、同體與共生、尊重與包容、平等與和平、圓滿與自在、自然與生命、公是與公非、發心與發展、自覺與行佛、化世與益人、菩薩與義工、環保與心保、幸福與安樂、希望與未來、共識與開放」等主題演說，倡導「地球人」思想，成為當代人心思潮所向及普世共同追求的價值。

由於大師在文化、教育及關懷全人類之具體事蹟，一九七八年起先後榮膺世界各大學頒贈榮譽博士學位，有美國東方大學、西來大學、泰國摩訶朱拉隆功大學、智利聖多瑪斯大學、韓國東國大學、泰國瑪古德大學、澳洲格里菲斯大學、臺北輔仁大學、美國惠提爾大學、高雄中山大學、香港大學、韓國金剛大學、澳門大學、嘉義中正大學、韓國威德大學、屏東大學、香港中文大學等。近年來，並獲大陸各大學頒予名譽教授，如南京大學、北京大學、廈門大學、南昌大學、揚州大學、山東大學、武漢大學、人民大學、上海同濟大學、湖南大學、上海師範大學、浙江大學、上海交通大學及東北財經大學等。同時，多次獲得內政部、外交部、教育部頒贈壹等獎章；二○○○年獲總統頒贈「國家公益獎」，二○○二年獲得「十大傑出教育事業家獎」，二○○五年榮獲「總統文化獎菩提獎」等，肯定大師對國家、社會及佛教的貢獻。

大師在國際間亦獲獎無數，如：一九九五年獲全印度佛教大會頒發「佛寶獎」；二○○○年在第二十一屆世界佛教徒友誼會上，泰國總理乃川先生親自頒發「佛教最佳貢獻獎」；二○○六年獲香港鳳凰衛視頒贈「安定身心獎」，以及世界華文作家協會頒予「終身成就獎」暨「永久榮譽會長」、美國共和黨亞裔總部代表布希總統頒贈「傑出成就獎」；二〇〇七年獲西澳Bayswater市政府頒贈「貢獻獎」；二〇一〇年獲得首屆「中華文化人物」終身成就獎；二〇一三年獲頒「中華之光——影響世界華人終身成就獎」以及「二〇一三華人企業領袖終身成就獎」。

大師悲願宏深，締造無數佛教盛事。一九八八年十一月，被譽為北美洲第一大寺的西來寺落成，並傳授「萬佛三壇大戒」，為西方國家首度傳授三壇大戒。同時主辦「世界佛教徒友誼會第十六屆大會」，海峽兩岸代表同時參加，為兩岸佛教首開交流創舉。一九八九年應中國佛教協會之邀，率「弘法探親團」赴大陸，並與國家主席楊尚昆、政協主席李先念於北京人民大會堂會晤，開啟兩岸佛教交流盛事。

一九九八年二月，大師遠赴印度菩提迦耶傳授國際三壇大戒，恢復南傳佛教失傳千餘年的比丘尼戒法，同時舉行多次在家五戒、菩薩戒會。同年四月，率團從印度恭迎佛牙舍利蒞臺供奉。二〇〇四年十一月至澳洲南天寺傳授國際三壇大戒，亦為澳洲佛教史上首度傳授三壇大戒，成為當地佛教盛事。

大師一生積極推動國定佛誕節的設立，一九九九年經立法院通過，將農曆四月八日訂為國定假日，並於二〇〇〇年慶祝佛教東傳中國二千年首度國定佛誕節。二〇〇一年十月親赴紐約「九一一事件」地點灑淨，為罹難者祝禱；同年十二月，受邀至總統府以「我們未來努力的方向」發表演說。二〇〇二年元月與大陸達成佛指舍利蒞臺協議，以「星雲簽頭，聯合迎請，共同供奉，絕對安全」為原則，組成「臺灣佛教界恭迎佛指舍利委員會」，至西安法門寺迎請舍利到臺灣供奉三十七日，計五百萬人瞻禮。

二〇〇三年七月，大師應邀至廈門南普陀寺參加「海峽兩岸暨港澳佛教界為降伏『非典』國泰民安世界和平祈福大法會」；同年十一月，應邀參加「鑑真大師東渡成功一二五〇年紀念大會」；隨後應中國藝術研究院宗教藝術研究中心之邀，率領佛光山梵唄讚頌團至北京、上海演出；二〇〇四年二月，兩岸佛教共同組成「中華佛教音樂展演團」，至臺、港、澳、美、加等地巡迴弘法。

二〇〇六年三月，至享有「千年學府」之譽的湖南長沙嶽麓書院講說，同年四月，以八大發起人之一的身分，應邀出席於杭州舉辦之首屆「世界佛教論壇」並發表主題演說。二〇〇九年，國際佛光會與中國佛教協會、中華文化交流協會、香港佛教聯合會主辦「第二屆世界佛教論壇」，並於無錫開幕，臺北閉幕，寫下兩岸四地宗教交流新頁。二〇一二年九月，應「世界經濟論壇」之邀，出席「第六屆夏季達沃斯論壇」，主講「信仰的價值」，為該論壇創辦以來，首位發表專題演說之佛教領袖。

二〇〇八年起，悉數捐出各地版稅、一筆字所得，由弟子分別於臺灣、大陸、澳洲等地，成立教育文化公益基金，舉辦各種教育、文化等贈獎、公益項目。二〇一〇年起，應邀於北京之中國美術館及中國國家博物館舉行「星雲大師一筆字書法展」，為首位在該館展出書法作品的出家人，後陸續於海南、天津、內蒙古、山西太原、廣東、雲南、廈門、鎮江、上海、大連、山東、浙江、廣西、貴州等美術館或博物館（院）展出。

二〇一一年十二月，大師指導建設的佛陀紀念館開館落成，翌年即獲「國家建築金獎——文化教育類金獅獎」；開館第三年（二〇一四）獲得國際博物館協會（ICOM）認證，成為該會最年輕的正式會員；同年，全球最大旅遊網站TripAdvisor評為「二〇一四年大獎得主」，頒發「優等」證書，以各項藝術展覽、教育推廣、兩岸文化交流、地宮收藏時代文物、永久為社會大眾持續做公益服務等項目受國際肯定。

為推動世界和平交流往來，歷年來，大師曾與各國領袖會面，如：泰皇蒲美蓬、印度總理尼赫魯、菲律賓總統馬嘉柏皋、多明尼克總統塞紐瑞、美國副總統高爾，以及馬來西亞三任首相馬哈地、阿都拉・巴達威和納吉等。此外，大師先後並與各宗教領袖交換意見，如：世界佛教徒友誼會會長泰國公主蓬・碧司邁・迪斯庫爾，天主教教宗若望保祿二世（約翰保羅）、本篤十六世等晤談。

二〇〇四年，大師應聘擔任「中華文化復興運動總會」宗教委員會主任委員，與基督教、天主教、一貫道、道教、回教等領袖，共同出席「和平音樂祈福大會」，促進宗教交流，實際發揮宗教淨化社會人心之功用。也先後與瑞典諾貝爾文學獎審查人馬悅然教授、漢學家羅多弼教授、哈佛大學傅高義教授、諾貝爾文學獎得獎人莫言先生等人進行人文交流座談。二〇一三年，與大陸三任國家領導人習近平、胡錦濤及江澤民見面，寫下佛教歷史新頁。

近年，大師於大陸宜興復興祖庭大覺寺，並捐建中國書院博物館、揚州鑑真圖書館、南京大學佛光樓，成立揚州講壇、星雲文化教育公益基金會等，積極推動文化教育，期能促進兩岸和諧，帶動世界和平。

大師一生弘揚人間佛教，對佛教制度化、現代化、人間化、國際化的發展，可說厥功至偉！

編者的話

臺灣電視臺開播初期，民風保守，佛教相關節目無法於電視臺播放。直至七〇年代，臺灣僅有的三家電視臺，陸續開始邀約大師開闢佛教弘法節目，由《甘露》到《信心門》，由《佛學講座》到《星雲禪話》，由《每日一偈》到《星雲法語》等，大師當時「遊走三臺」，可謂臺灣電視史上的特例，更為佛教的電視弘法，開啓先河。

一九九四年六月，大師應邀在臺視宣講《星雲說喻》。大師綜觀古今，舉出發生在我們生活周遭的見聞故事，以簡短巧妙的譬喻，引導觀眾以智慧跳脫生活的困境，得到解脫自在。每天五分鐘的節目，如智慧的甘霖，化解無數觀眾的熱惱。之後，應觀眾要求而將節目內容付諸文字。

此套《星雲說喻》特從大師千餘篇文章中，擇錄部分內容，以「布施、持戒、忍辱、精進、禪定、般若」六度波羅蜜分類，方便讀者系列性閱讀。

星雲說喻六・般若

Hello

10

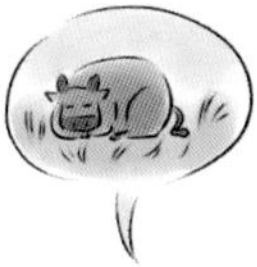

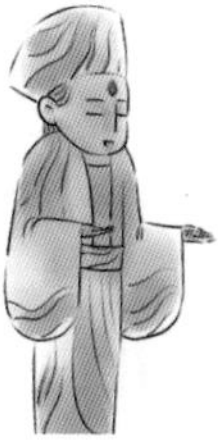

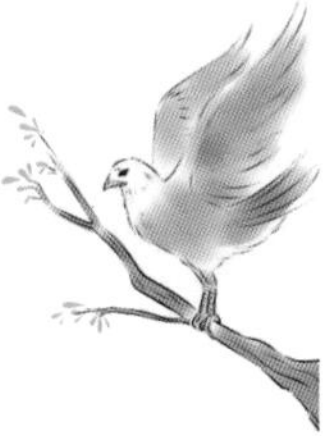

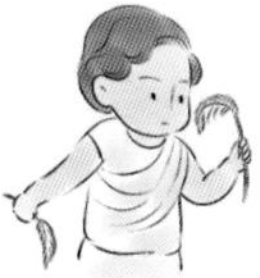

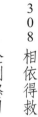

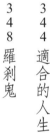

一肚子不合時宜

蘇軾有一日退了朝，用過膳後，帶著侍兒幾人散步消食，散淡逍遙之餘，他手撫著飽食的肚子問：「你們且猜猜看，我這肚子裡裝的都是些什麼？」

一名婢子搶答：「都是錦繡文章！」蘇軾不以為然。

另一位婢子接著說：「滿腹都是學問才華。」蘇軾還是不予認同。

這時他的寵妾朝雲笑著說：「學士一肚子不合時宜。」惹得蘇軾捧腹大笑。

蘇東坡的大笑，一則來自他作為「永遠的反對黨」，不但得罪了以王安石為代表的變法派，也不見容於以司馬光為首的保守派；他政途上的特立獨行，帶給他一再貶抑的命運，卻掩蓋不了他的驚天才華和放曠自在；一則大有生平況味有人識得，堪

可告慰。

多年後，他在杭州為紀念朝雲而修建六如亭，曾親撰對聯：

「不合時宜，唯有朝雲能識我；
獨彈古調，每逢暮雨倍思卿。」

朝雲的善解人意，在蘇東坡坎坷的仕途中，起了相當大的撫慰作用，這一點善解，來自體諒與尊重，設身處地為他人想。

現代人的生活模式，普遍充滿了冷淡、疏離，缺乏溫暖的對待，以及體貼為人的心意。每個人如果能多一分用心，多一分慈悲，多一分善解人意的巧慧，便能打破人我之間的高牆與隔閡。

親屬之間、朋友之間、夫妻之間，乃至主管與部屬之間，能夠時時體察對方的心境，適時給予一點振奮、鼓勵、安慰、溫暖、包容、尊重，就能減少人際間的對立，融化冷漠，讓彼此的情感融洽和諧。

死後有來生嗎？

以前，印度有個彌蘭王，他向那先比丘請教：

「人死後有來生嗎？」

那先比丘回答：「當然有來生。」

彌蘭王聽了，仍然不解地追問：

「人如果有來生，為什麼我看不到？你如何證明呢？」

那先比丘說：「王呀！您吃過橘子嗎？雖然橘子的皮被丟棄，果肉被人吃完，但是它的種子一旦落入了泥土裡，又會展開一連串的生命過程。如此循環流轉不已，因中有果，果

中又有因，如海潮此起彼落，無窮無盡。

「就如燃燒的木柴，一根又一根接續著生命之火，哪裡停息過？我們的身體也是如此，往來於人、天、阿修羅、餓鬼、畜生、地獄等六道，如車輪轉動不息。人的思潮紛飛亦然，前念是前世，後念是來生，只是人有耳不聞，有眼若盲。其實，大自然裡，處處可見生命的奧妙啊！」

有一陣子，社會上吹起催眠旋風，「前世今生」成為各媒體的熱門話題。禪門中有句話：「不知道最親切。」也就是要我們截斷妄想，積極活在當下，與其探究前世的面目，不如把握現前的因緣，用心經營一個完滿的今生。

一比多好

一般人很喜歡到神廟裡去求保身符，希望藉助神明的威德，遠離災難，福壽綿延。

有一對好朋友，其中一人信仰很多神明，希望得到眾神的庇佑，所以身邊掛了很多香火袋，裝著各

路神明的符咒。另一個人只信仰觀世音菩薩，脖子只掛著一條菩薩的項鍊，平時默誦菩薩的名號，祈求菩薩的加被。

有一天，兩人路上相遇，結伴趕路回家，卻不幸在偏僻的山路上碰到強盜。

強盜們一哄而上，揮舞著大刀，要他們留下買路錢。混亂中，強盜一刀砍向信仰觀世音菩薩那個人的頸項，正巧砍到觀音菩薩的項鍊，菩薩像被刀砍得彎曲凹陷，他也因此幸運地保住性命。

但是另外一個人的膀子，就被刀砍斷了，他憤憤不平地怨怪著：「信仰這麼多神明，奉獻了多少的香火錢，為什麼這許多的神明，卻沒有一個來保護我？」

這時候，他身上懸掛的神牌、符咒終於說話了。只見媽祖、城隍、王爺、仙公、耶穌、穆罕默德……一一表示抱歉：

「不是不救你，無論我們哪個人先出面救你，對其他神明都不禮貌，大家正商量要推選代表救你時，強盜已一刀砍來，來不及挽救了。」

這雖然是笑話，卻寓意深遠。為了求福求壽，廣求各路神明，信仰不專一，反而得不償失。

信仰貴在專誠一心，而非以外在的「數量」來堆砌安全感；與眾神明「搏感情」，還不如純一的信仰，就像滴水可以穿石，鐵杵也能磨成繡花針。過於複雜的信仰，如同泛泛之交滿天下，又有幾人能在危難時，拔刀相挺？

哲學家與船夫

在湍急的河川上，船夫駕著船，載著一名哲學家渡河。

哲學家坐定後，開始思考做為一名船夫的生命意義，想到一輩子就只是在一條小河上擺渡的人生，是多麼貧乏啊！

哲學家忍不住開口問：

「船夫！你學過任何一種外語嗎？」

「沒有。」船夫撐著篙槳與激流奮戰著。

哲學家又問：「你研究過歷史嗎？」

船夫答：「沒有。」

哲學家不無同情地說：

「那麼你可說失去了一半的生命！」

船夫只是專心擺渡。

哲學家又問：「你學過數學嗎？」

「沒有。」

哲學家說：「你簡直已失去一半以上的生命了。」

此時，只見船夫專心穩住船身，因為已來到河心的

漩渦激流，無法再與哲學家討論生命的意義。

忽然一個大浪打上來，把原本就不穩的船掀翻了，船夫喊道：「你學過游泳嗎？」

哲學家答：「沒有。」

船夫無限同情地說：「那麼你即將失去整個生命了！」

俗話說「行行出狀元」，在專業的領域裡，沒有誰比誰高貴或低下，我們也不應該以學問、名位來衡量一個人的生命價值。每個人都有所長、有所短，在專業領域之外，更重要的是人文素養、倫理道德，能夠互為輔助，才能完整生命的意義。

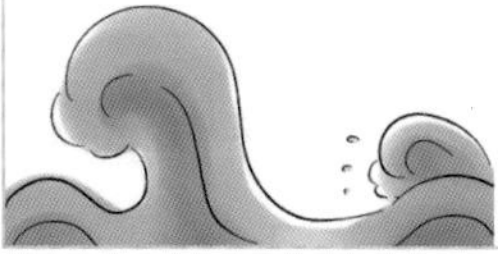

我看劉羅鍋

佛光山佛光緣美術館裡，有收藏清朝乾隆皇帝時期大臣劉墉的書畫，加上電視劇也上演他的故事，這引起了我的注意與興趣。

劉墉由於背駝，因而被人戲稱為「劉羅鍋」。

他這個人雖其貌不揚，但才華洋溢，尤擅書法；心地耿直，為官更是清廉，常對乾隆皇帝忠言勸諫，惹得皇帝生氣，官位也因此從一品宰相，降到三品、五品、七品、九品，甚至還被革職。

與劉墉同朝為官的，還有一位大臣叫和珅。和珅家財萬貫，為人諂媚，沒有是非善惡之分；為了討好主子、奉承主子，一切以主子馬首是瞻，處處逢迎拍馬。

乾隆皇帝的愛妃曾問：「您是喜歡忠臣劉羅鍋，還是弄臣和珅？」這是一個很難回答的問題。

就乾隆皇帝個人來說，必定喜歡凡事令他歡喜、順他心意的和珅，所以才稱和珅為「和愛卿」。但是對國家、社會有益者，則必屬劉墉；否則，乾隆皇帝不會一次又一次，因為劉墉的忤逆諫言，將他降級、撤職，卻一次又一次復用他。

乾隆皇帝雖然不喜歡忠臣的耿直，卻清楚忠臣的重要性，還算是一位英明的君主。

一位領袖人物，可以喜歡恆順自己心意的弄臣，但是為了國家社稷，也應該重用忠臣；他可以聆聽稱自己心意的美言，更要接受各方賢臣的建言。就像現在所謂的「大眾輿論」、「社會輿論」，能多方採納者，才是一位英明的領導者。

其實，不僅是領袖人物，我們做人處事，也要清楚什麼樣的人是「弄臣」，什麼樣的人是「忠臣」、「賢臣」，處眾行事才能游刃有餘、勝任愉快。

見法即是見佛

法是真理，真理就是佛；見到真理，就等於見到佛。佛是真理的化身，倘若見不到法，就是見到佛了，可能也會認為：「佛不過是個老比丘、老和尚而已，沒有什麼稀奇。」

在佛教裡，佛並非最重要，法（真理）才最重要，如同世

人常說的「吾愛吾師，吾更愛真理」。

二千六百年前，佛陀也是依法才成就佛道，沒有法，就沒有佛。佛陀一再提醒：「自依止，法依止，莫異依止。」就是強調皈依法的重要。只要皈依了真理，即便是怪力亂神、招搖撞騙的法術，都無法影響到堅固的金剛道心。

真理是什麼？必須具備普遍性、必然性、永恆性、平等性。真理，不增不減，不生不滅，是「亙古今而不變，歷萬劫而常新」。

有一次，佛陀到忉利天為母說法後，回到人間；素有「神通第一」之稱的蓮花色女，搶先上前歡迎佛陀，並且歡喜地說：「弟子蓮花色，首先前來迎接佛陀的聖駕。」

佛陀告訴蓮花色：「真正第一個迎接我的，是須菩提。」

蓮花色一聽，訝異地問佛陀：「須菩提他還在室中打坐，沒有來啊！」

佛陀回答：「蓮花色，須菩提觀照真理遍滿虛空，充塞法界，他與真理相應，就能見到我，這才是真正迎接我啊！」

佛陀說：「見緣起即見法，見法即見佛。」能從緣起法中，通達諸法空性，才是真正見到佛陀。

信佛的人，不能誦經拜佛一輩子，卻沒有佛的慈悲喜捨；學佛的人，要能學佛之德行，行佛之所行，與諸佛一鼻孔出氣。信仰宗教，不是燒香拜佛便是，應深觀真理法義，進而親身實踐。具足正信，奉行佛法，才能窺見佛陀的真貌。

一休的意義

一休宗純禪師，是日本室町時代臨濟宗的著名僧人，別號狂雲子。他看似放蕩不羈，其實是以狂放瘋癲來撞破世人的執迷，勉人踏實過真實的人生。

曾有人好奇宗純禪師為何法號叫「一休」？他回答說：

「一休萬事休。」說罷，又改口：「二休不好，叫二休才好。」

「二休怎麼好呢？」

「二休嘛！就是生要休，死也要休。生死一起休，才能解脫；煩惱要休，涅槃也要休，煩惱涅槃一起休，二休最好。」

信徒一聽，非常贊同，連聲叫好：「不錯！不錯！二休比較好。」

可是一休禪師卻又搖頭：「二休不好，三休才好呀！」

信徒覺得奇怪，追問說：「三休怎麼好？」

「你老婆今天跟你吵架，像個母老虎，最好是休妻。」

一休禪師板著臉繼續說：「做官，常常要奉承逢迎，也很辛苦，最好休官。社會上謗議叢生，唇槍舌劍也很累，最好休爭。能夠休妻、休官、休爭，三休豈非最快樂！」

信徒一聽，擊掌稱妙：「這三休的確好。」

一休禪師又說：「四休更好。」

「四休怎麼好啊？」

「酒、色、財、氣，這四樣孽障一起休最好！」

信徒心悅誠服，讚歎的話尾還沒結束，一休禪師卻又反駁自己：「我看這個四休也不好，最好五休。」

「哪五休？」

「人生最苦的，就是為了滿足嘴巴這個無底洞。」一休禪師說：「為生活、為一口衣食，奔波忙碌，所以受種種苦，假如五臟廟一休，不就眾苦皆休，統統都沒事了嗎？」

一休禪師的遊戲機鋒，既調侃了自己，同時也道出吾人受制於財色名食睡，不得自由的實相，在莞爾一笑之餘，我們是不是也反省自身能有幾休呢？

道士掛單

出家人從一個寺院要到另一個寺院居住，必須經過一道手續，在佛門稱作「掛單」。掛單就好像住進旅館，必須要登記一樣，出家人到寺院居住，也必須向該寺院掛單。

過去，在大陸所謂的「叢林寺院」，不是任由人隨便掛單的，就是出家人去掛單，也要持有戒牒。

掛單時，該寺負責人會問：你從哪裡來？哪一個寺院出身的？師父是誰？雲遊參學為了什麼？想來此掛單多久？

除了出家人的掛單外，叢林裡還准許兩種人來掛單：一是

剃頭師，寺院對他們是以禮相待；另一個就是道士。

過去在大陸寺廟比較多，道觀較少，道士們參學在外，找不到道觀掛單，就到佛教寺院掛單。佛教寺院也因此訂出一套道士掛單的規則，可說十分禮遇，甚至比出家人還要優厚。

我自己也曾接受過道士的掛單，也和道士同學一起讀書，因為當時的道教，還沒有道學院，有些師父會將小道士送到佛學院來念書。雖然彼此的宗教信仰不同，但無論是學習上、生活上，都能相處融洽、和諧，不會因宗教的不同而起爭執、吵鬧。

從古至今，宗教的融和是非常重要的觀念，並不因時空、種族、國家、地域的不同，而有分別。宗教之間，雖然信仰的教主不一樣，就像人人都有父親，是毫不衝突的。

各宗教縱然教義不同，也無須爭執、批判，就像是文學、科學、醫學、化學，各有學問，各有味道，不一定要完全一致，正如萬千世界本來就是多彩繽紛的。但是教徒之間，應該相互來往、交流，互敬友好，彼此尊重，發揮宗教徒應有的真、善、美，才能彰顯出宗教在社會上的功用及價值。

足球賽

有一場足球賽，吸引了十萬名觀眾。當大家正在聚精會神地觀看時，有個觀眾抽香菸，抽到渾然忘我，不小心香菸燒到鄰座觀眾的衣服上，那個人慘叫了一聲：「哎喲！好痛！」這時，抽菸的人才意識到自己的疏忽，連忙道歉。

鄰座的人由於專心觀看球賽，也就不計較，連說不要緊，回去再買一件就好了，完全不把衣服著火的事掛在心上。

誰知這個人衣服上的火，沒有滅盡，從後面又燒到隔壁小姐的頭髮上，隔壁小姐的頭髮著了火，大叫：「哎喲！我的頭髮。」

這個抽菸的人一想，必定是自己香菸上的火燒到鄰座的小姐，又連忙起身賠不是。

這位小姐也因為看球看得忘我了，同樣回說不要緊，表示再買一頂假髮就好了，依然繼續觀賞球賽。

這段故事啟示我們，當

一個人忘我的時候，就能免除很多的是非，很多的爭執。

佛教常講「無我」，無我的境界就是無對待、無計較，完全是一個平等的世界；沒有一點爭執，沒有一點計較，就像《般若心經》所說的「照見五蘊皆空」，因此就能夠度一切苦厄。

我們每個人如果能把這個五蘊和合的假我，看成空幻的、不實在的，不在五蘊的「我」上面計較、執著，就能滅除人我對待，滅除時空想法，滅除種種計較、種種執著，而得到解脫。由此可見，如果要追求幸福快樂，做人不能太過斤斤計較，若能「忘我」、「無我」，反而會減少很多的煩惱和痛苦。

十一頭小豬

張姓屠夫每天都要殺一頭豬供應鄉民的需要，以此維持自己的生活，他這個殺豬的行業，一做就幾十年。屠夫張也曾經想過，殺生罪業很重，但由於自忖沒有別的長處，找不到其他謀生的門路，就這麼一天過一天。

屠夫張每天殺豬的時間，恰恰與不遠處寺廟的早課鐘聲同時；他每日聽到鐘響就起床，待殺完豬，天色已大亮，村裡的人也準備上市場買菜，正是把豬擔出去叫賣的好時機。

有一晚，他將隔天要殺一隻母豬的工具，全都準備妥當，奇怪的是，隔天清晨卻沒有聽到寺院鐘聲。他按捺不住心裡的疑惑，就到寺廟去詢問。

年老的住持告訴他：「今天早上沒有叩鐘，是因為昨天夜裡，做了一個夢，夢見十一個小孩，跪到我面前，央求我救他們一命。他們告訴我，只要我明天早上不要叩鐘，他們就能得救。為了救這十一個小孩的寶貴生命，今天早上我就不叩鐘了。」

屠夫張忽然有所感，自問：「十一個小孩難道是母豬的孩子嗎？」

他趕回家中，果然今天早上逃過一命的母豬，剛剛生下小豬，算一算真是十一頭小豬。

他感嘆輪迴轉世，因果絲毫不差，於是痛下決心，不再以殺豬為業。

老住持的方便應緣，救了母豬與十一隻小豬的生命。屠夫張也在老和尚的慈悲感化下，終於決定改行，從此再無刀下無辜的冤魂，也不再積累殺業。

佛陀應病予藥，應機施教，是向我們示現方便法門；如果能學習與人為善的方便，不輕易拒人於千里之外，縱然是些微的善念善行，有時更甚勝造七層佛塔的功德。

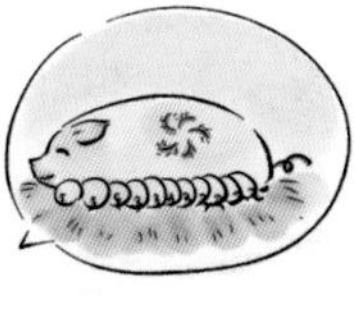

一個誤會

有一對年輕的夫婦，非常恩愛。一天，先生對太太說：「我們在地窖裡釀的一缸酒，應該釀好了，你去拿一點來享用吧！」

於是太太就走進地窖，打開酒缸一看，她大為吃驚，原來酒缸裡竟藏著一個非常美麗的女人。

因此，她憤憤不平地去找先生算帳，怨恨先生不該瞞著她感情走私，兩人因而爭吵不休。

最後，丈夫乾脆自己前去看個究竟，這一看不得了，他憤怒地對太太說：「你還說我藏女人，明明是你在酒缸裡藏了一個男人，還來誣賴我！」

夫妻倆為此吵鬧不已，他們的婆羅門師父剛好路過，正納悶著兩個徒弟怎麼吵起架來，一問之下，他也到地窖裡一探究竟；原來不是什麼男人，也不是什麼女人，而是一個婆羅門外道。

這個婆羅門怒氣沖沖，指責兩個不肖徒弟：「你們既然已經拜我為師，怎麼又另外藏一個婆羅門師父在酒缸裡呢？」一氣之下便拂袖而去。

沒一會兒，來了一位法師，他問明經過，也打開酒缸觀看究竟，「噢！原來是這麼回事。」

只見法師拿起一塊大石頭，用勁打破酒缸，酒一流走了，什麼男人、女人、婆羅門，就全都沒有了。

其實，酒缸裡既無男人也無女人，不過是當事人自己的倒影罷了，正如《金剛經》所說的「凡所有相，皆是虛妄」啊！

人很容易被眼前的假相所迷惑。明明是假的，我們當成真的；明明是無常的，卻以為會恆久，因此執著不捨。從酒缸的誤會中，讓人體悟到「凡所有相，皆是虛妄」的道理，我們應學習以智慧的眼光來看待世間的一切，如此就不會被假相所迷惑了。

誰最偉大？

話說有某個地方的人，想要供奉古代的聖賢，便請了雕刻師來刻聖像。由於中國古代講三教同源，儒釋道一家，因此就要求雕刻師塑一尊釋迦像，一尊太上老君像，一尊孔子像。

待塑像完成還尚未安座時，有一個道士經過，看到了這三

尊聖像就說：「聖像怎麼放在地上呢？尤其太上老君，應該把祂供奉在正中央！」道士費了九牛二虎之力，將太上老君像抱到桌上，好生供奉。

不久，來了一個秀才：「哎呀！怎麼太上老君供中間，孔老夫子卻坐在地上！他道德崇高，全國都推崇奉祀，應該讓他坐到中間。」秀才為此也想盡方法，把孔子聖像搬到供桌中間。

過一會兒，一個出家人經過，看到這情景，直說：「怎麼孔老夫子、太上老君都坐在上頭？釋迦牟尼佛可是娑婆教主啊！」出家人於是將孔子、太上老君移往兩旁，把佛祖移上供桌中間。

經道士、秀才與僧人的搬弄挪移，使得三尊聖像原本的描金彩繪、瓔珞莊嚴磨損不堪。三尊聖像你看我、我看你，異口同聲說：「我們本來好好的，給他們這麼一搬弄，你看！皮肉都裂開來了，還不得勞煩工匠將我們搬下去重新裝塑嗎？」

記得曾有人問我：「世界上的宗教，哪一位人物最偉大？」我回答他：「你喜歡的、你信仰的，他就最偉大。」

也有人問我究竟信哪個宗教最好？我也真心誠意回答他：「跟你最有緣分、最有關係的，能讓你向上、上進的，只要是政府登記的、國家承認的，是正信的、清淨的宗教，都可以信仰。」

信仰，應該是要崇仰教主對世間的貢獻，學習教主的包容，如果由於信仰不同、教派不同，就相互比較排擠，弄得烏煙瘴氣，不就失去信仰的本質了嗎？吾人應三思之。

一百頂的高帽子

有一個學生向老師請假，表示要出外創業，老師滿心掛念地說：「你學業尚未完成，憑你現在的成績、能力，出去之後怎麼應付複雜的社會呢？」

學生：「老師，您不必掛念我，我有很好的應付辦法。」

老師：「你出去憑什麼本領？」

學生：「老師！憑我的一百頂高帽子。」

老師：「一百頂高帽子有什麼用？光憑你的這一點能力，哪裡有什麼好辦法？」

學生：「不論我走遍天下，只要向人家介紹說，我是老師的門下，憑老師的道德、學問，誰不敬仰呢？人家敬仰您，而我是您的學生，他們對我當然就另眼看待了，我還怕在社會上不能成功立業嗎？」

老師一聽，哈哈大笑：「你能懂這樣就成了！」

這時學生說道：「老師，

我現在只剩下九十九頂高帽子，第一頂高帽子方才已經送給老師了！」

替人戴高帽子，人人都歡喜，讚美他人雖然是值得稱許的事，但也要適當、適切，恰如其分。

比方說，對方是一個老太太，你就不必稱讚：「你好漂亮。」反而應該說：「老太太，你好親切慈祥！」對一個行動不便的老公公，就不能稱讚他：「很有力氣。」應該說：「老人家，你很穩健、很穩重！」

只要懂得讚美別人，必定能為自己開拓出寬廣的道路。

戴高帽子，戴得適當會有加分效果，倘若戴「歪」了，不但貽笑大方，更惹人嫌惡。有時成功就在我們的口邊，適時、適度地給人讚美，不僅能贏得別人的歡心，無形中也促進良好的人際關係。

一分鐘與一小時

世間有許多人，習慣將自身的禍福成敗，交由神明、命運來主宰，認為人生要依靠神明的力量，深信命運是不可逆的。難道生而為人，就無法掌握自己的人生嗎？

佛教常說「萬法唯心造」，世間的好壞、喜惡、淨染、天堂地獄，總歸於一心。如果我們願意讓自己快樂，自能超越憂傷；願意走出陰霾，自能活得精采；願意為人付出，自能贏得他人愛戴。誰說人生必得交由命運來決定。

愛因斯坦是二十世紀科學界的代表人物，他提出了時空與重力的「相對論」，改變了經典物理學的絕對時空觀。

有一天，一個學生問愛因斯坦：「什麼叫相對論？」

愛因斯坦舉了一個巧妙的比喻：「就像你坐在一位漂亮姑娘的身邊一小時，覺得只像過了一分鐘；但是如果你緊挨著一個火爐，雖然只坐一分鐘，卻覺得像是過了一個小時之久，這就是『相對論』。」

到底是一個小時，還是一分鐘？其實外境的好壞優劣，取決於我們的好惡之心。所以憨山大師才會說：「逐境心生，隨情動念；心境兩忘，物我無辨。物無妍醜，由我是非；我心不起，彼物何為？」

無論境遇如何，只要心美，外境自美；只要心慈，外境自柔；只要心境單純，外境自然淳樸；只要心中有佛，處處都是淨土。

有弟子問趙州禪師：「百年之後，禪師要到何處？」禪師不假思索：「到地獄裡去。」日本坦山禪師臨終前，昭告大眾：「拙僧即刻臨終，特此通知。」對於生死，禪師都有自己作主的大氣魄，我們是否有將人生交由自己掌握的決心呢？

北風與太陽

身為父母師長、上司主管或者領導人，如果想獲得他人的愛戴，成為待人處事上的贏家，就要常行慈悲、愛語、利行，懂得尊重他人，善體人意。

有一天，北風和太陽碰面了，兩人興起一較高下的想法。北風提議說：「我們憑各自的力量，看誰先讓行人把衣服脫下來，誰就是贏家。」

太陽也興致高昂地應和著：「好，就這麼決定，你先來吧！」

首先，北風發出凶猛的威力，呼呼地吹著，路上的行人感受到冷冽的北風，紛紛把衣服裹緊。然而，它愈是使力地吹，行人愈是把衣服裹得愈緊，最後北風只得無可奈何地說：「我承認我沒辦法，還是換你來吧！」

於是太陽開始持續散發它的熱力，慢慢地，雲層漸開，陽光普照大地，行人感受到陽光的熱度，便一件件將衣服脫下。

北風見狀，不得不服輸：「太陽，還是你勝利了！」

所以，為人如果像北風，老是疾言厲色，揮舞拳頭，處處壓力逼迫，就教人不能服氣，只會讓人避之唯恐不及。只有像和煦的陽光，慈悲愷悌的讚美、和諧尊重的愛語，處處帶來溫暖，才能讓人歡喜親近、自在輕鬆。

想要贏得屬下的擁戴，子女的親近，學生的尊敬……

端看我們是願意做酷寒的北風，還是和煦的太陽。

婆媳包粽子

有一天，某戶人家的婆婆對媳婦說：「端午節快到了，咱們來包粽子。」

包粽子，這對現代的年輕人來說，實在是有點困難。只是這位媳婦雖然不會包粽子，不過婆婆既然已經開口了，她自然也不好違背。

一大早，婆媳兩人開始忙碌著，洗粽葉、晒粽箬、切配料、炒內餡……婆婆邊做還不忘交代媳婦要「多包一點」、「扎實一點」。

兩個人一直忙到下午，好不容易包了好幾串粽子，都放進鍋裡煮。

就在粽子快煮熟的時候，媳婦忽然聽到婆婆對著電話那一頭說：「女兒呀！我們今天包了好多粽子，你趕快回來吃粽子吧！」

媳婦一聽暗自神傷，心想：原來你叫我包粽子，是要給你女兒吃的，我跟在你後頭團團轉，忙了一整天，你卻一句稱讚、一聲招呼都沒有，只想到你女兒，哪裡顧念到我這個媳婦呢？

媳婦愈想愈委屈，流著淚，拿起了電話，想向母親投訴。想不到，電話鈴倒先響了，母親在電話那頭興沖沖地說：「丫頭啊！今早我讓你嫂嫂包了好多粽子，這會兒正起鍋呢！你趕快回家一趟，我已經吩咐你嫂嫂留一串讓你帶回去。」

放下電話，女兒心有所感：原來天下的母親都是一樣的。想到嫂嫂的心情，不禁希望嫂嫂的母親也趕快打個電話給她，要她回家吃粽子。

人各有因緣，母女有母女的感情，婆媳有婆媳的相處，夫妻有夫妻的情感，兄弟姐妹有兄弟姐妹的手足之情，朋友有朋友的友誼，這就是世間的倫理，人間的情緣。婆媳姑嫂之間，若能夠換位思考，設身處地關照對方的感受，多一些體諒與包容，便能免去無謂的計較爭執。

醫駝背

有一個年輕人，不務正業，以竊盜為生，專做偷雞摸狗的勾當。

有一次，不小心被村莊上的人捉到，就將他的手和腳綁了起來，像弓一般彎曲地吊在樹上。

恰巧有一個駝背的人經過，看到樹上吊著一個人，便問他說：

「喂喂喂！朋友，你吊在樹上幹什麼？」

年輕人：「我在醫治我的駝背，正要慢慢給它吊直咧！」

「那我也可以這樣吊嗎？」

「可以，可以。你把我放下來，換你來試試看。」

於是，這個駝背的人就將年輕人的繩索解開，讓年輕人把他吊起來。年輕人將駝背綁在樹上後，就將他身上的錢財都拿走，一文也不剩。

醫駝背的故事，影射了現代人對身心疾病的盲點與弊病，有病不尋求正確的方法，或濫用藥物，或聽信偏方，反而加重了病情。尤其心理的疾病，諸如邪知邪見，貪求虛榮，於是詐騙、竊盜、販毒……以不正當的行徑，來「治療」自己的貧窮、貪欲，以黑心錢堆積的富貴榮華，終究是虛幻不實的空花水月。

人生的疾病，如果沒有正知正見的引導，隨便聽信謠言，就會誤入歧途，不但無法獲得心靈的寧靜，反而落入生命困境的深坑，終究是以毒治病，病上加病，何時才有康復的一天呢？

三界唯心，萬法唯識

佛教裡，有的人參禪，而豁然大悟，明心見性；有的人念佛，有阿彌陀佛手執金臺前來接引，往生極樂國土……各個宗派都有其殊勝教義及成就。

而研究「三界唯心，萬法唯識」的唯識宗學者，就很少聽說有哪一個研究者悟道，因此法相唯識這一門學科在佛教裡，多視作是學術研究。

但是韓國有一位元曉大師，他卻是因徹悟「三界唯心，萬法唯識」之理而悟道了。

元曉大師有一次外出，夜幕低垂了，他已經走得又飢又渴，可是荒郊野外，哪有居住之處？正在飢渴萬分時，忽然看到路旁有一塘池水，於是立刻伏下來喝水。

池水甫入口，一陣甜美之味，如清涼甘露，乾渴的他喝了個飽，感到無比的歡喜輕安。

隨後，元曉大師隨意在山

邊樹下，找了個地方，暫住一宿，打算等明天一早再趕路。

隔日，就著晨曦微光，他整理行裝繼續趕路，正好經過昨天夜裡喝水的池塘邊，赫然發現水裡竟然沉浮著好多動物的死屍骨頭。

這一看之下，想到昨天在水塘裡喝了那麼多的水，一陣噁心湧現，像是要把昨晚喝下的水一吐而盡。剎時，昨夜喝水時感覺的甜美清涼，與此時噁心作嘔的感受交疊，如暗潮般不停侵襲著他。

元曉大師終於恍然大悟，明白昨夜與今晨，甘露與屍骨，不過是萬法一心！

人間事，往往由於一心的變化，而有了千差萬別。由於意識分別，造作不同的感受與境界，釀成有情眾生種種的善惡心念。生死輪迴由此心，解脫成聖也由此心，正如《華嚴經》所云：「若人欲了知，三世一切佛，應觀法界性，一切唯心造。」

阿彌陀佛是環保專家

有一陣子，社會掀起一股談論外星人的風潮。曾有人問我：外星人是誰？你看過嗎？是否真有外星人的存在？他們是何面貌、體態？生存的環境與人類所處的世間有何不同呢？

目前，科學界仍然持續對外星人進行深入的研究。其實，佛教裡的阿彌陀佛就是外星人，他的國家西方極樂世界，就是世間以外的星球。從《阿彌陀經》的思想可以看出，阿彌陀佛不但是外星人，更是一位環保專家。

人類直到近代，才開始重視環境的保護，愛護生態環境。

但阿彌陀佛對環保早已非常關注，並大力推動極樂世界的環保。

比方說：西方極樂淨土的花草樹木，盡是高大的七重行樹，無有濫砍濫伐。在建設方面，沒有違章建築，只有整齊劃一的七寶樓閣。對水源的管理，則是時時流動、清淨無染的八功德水，沒有廢水的汙染。空氣方面，沒有汽機車的黑煙、廢氣，只有微風徐徐吹動，氣息清新調和。

阿彌陀佛不止環保做得好，對於人事，自有一套管理辦法。譬如阿彌陀佛教導大眾要相互尊重、彼此包容，修習慈悲與智慧，讓所有移民到西方極樂世界的眾生，都成為諸上善人。西方極樂世界，沒有交通的事故、沒有男女的糾紛、沒有經濟的占有、沒有惡人的陷害，人人安分守己，過著安和樂利的生活，將和諧共生的理念力行得十分徹底。

因此，阿彌陀佛將極樂世界治理得極為莊嚴殊勝，讓娑婆世界的眾生無不心嚮往之。

今日的臺灣，政治明爭暗鬥，人人爾虞我詐，社會風氣巧取豪奪，處處亂象叢生。若想改變層出不窮的亂源，不妨研究阿彌陀佛是如何管理極樂世界，以此方法來管理我們的社會，從此讓世間沒有三惡道的混雜，只有諸上善人聚會一處，必能轉娑婆世界為清淨的人間淨土。

不是矛盾

唐朝有一個讀書人李渤，讀過的書達萬卷之多，人稱「李萬卷」。某天，他到智常禪師的道場參觀，看到客堂裡掛了一副對聯，寫著「須彌藏芥子，芥子納須彌」。李渤一看這對子不通，須彌山極大，藏一粒芥

子還說得過去，但是一個小小的芥菜子，怎麼把須彌山納進去？

李渤嘲笑智常禪師沒學問，這麼不通的對聯也掛在客堂。智常禪師對他說：「怎麼不通呢？第一句可以從事上去解釋，第二句則從理上去推想。」

這個讀書人仍然不能理解，智常禪師就說了：「儒家有句話『讀書破萬卷，下筆如有神』，有沒有？」

李渤：「有！有！」

智常禪師隨手就拿了一本書，說：「既然是『讀書破萬卷，下筆如有神』，你說這個書讀到哪裡去了？」

李渤肚子一拍，自豪地說：「讀到我肚子裡面來了。」

智常禪師說：「那這一本書請你放到肚子裡面吧！」

李渤若有所悟地回答：「書是能讀到我肚子裡面，但是怎麼能夠放的進來呢？」

智常禪師一聽，笑說：「萬卷的書可以讀到肚子裡，那是理；芥子納須彌，那也是理啊！」

事和理，有的時候是事中有理，有時候理中有事。「須彌藏芥子」是事，「芥子納須彌」是理，等於「讀書破萬卷，下筆如有神」，不是完全從事相上來談，而是從理上、從精神上來說的。

心有多大？肉團心藏於六尺高的身軀裡，而佛心卻納藏山河大地，宇宙大千，千萬億眾生。能夠理事無礙，則人生事事無礙，無論過何等生活，只要事理融和，心中自有橫遍十方的胸量，生命自有豎窮三際的智慧。

爲人設想

在我九十五歲的老母親剛往生時，我的徒弟、兄弟和一些姪兒晚輩們，常常準備極為豐盛的供菜祭拜。有一天，我問弟弟和姪兒們：

「母親在世的時候，最喜歡吃什麼？」

「她最喜歡吃稀飯和豆腐乳！」

「為什麼你們現在不給她稀飯和豆腐乳呢？每天弄這麼多的飯菜，我和她相處了多少年，從沒看過她吃那麼多。」

大家一聽這才明白：即使是準備供菜，都必須「為人設想」，此後他們就懂得準備她老人家最喜歡的一碗粥飯、一盤豆腐乳了。

所以，最豐厚的禮物，是能給人歡喜的禮物；而懂得為他人設想，才最能夠表達自己內心的誠意。

因此，真正愛護一個人，就要為對方設想，而非站在自己的立場，依憑自己的喜好做事。

過去的寺院，每到了傍晚關門窗之時，必定等到燕子全數歸巢，才放下窗簾，關起大門。在南京的寶華山，寺裡的僧人每天也是留一點飯給老鼠吃，所謂「愛鼠常留飯，憐蛾不點燈」，這都是「為人設想」的精神。

世間有成千上萬的人，各有不同的信仰，不同的生活形態，深明此理，就不會強求別人必須依照自己的想法行事。為人設想，就是為彼此保留一點轉身的空間，這才是上等的處事哲學。

馬糞療傷

佛教的《百喻經》裡，有一則愚人錯亂因果的譬喻故事。

話說有一個山區的居民，由於讀書少，知識、常識都明顯不足。有個叫阿誠的居民到城市裡參觀，這天市場上恰巧有一群賣膏藥的人正在表演節目，推銷產品。

他們一邊表演節目，一邊大喊著：「我的這個膀子打傷了，用這藥敷一下，你看馬上好了哪！」

阿誠覺得奇怪，怎麼打傷了，藥一擦就好，於是問賣藥的：「這是什麼藥，那麼靈？」

賣藥的將馬糞做成的藥，仔細地跟阿誠說明了一遍。

阿誠聽了，覺得這藥神奇又好用，就買了一大袋，帶回山區去。

回到山區，他召集親朋好友、街頭鄰居，跟他們大大地現寶一番：「你們看，我到城裡走一遭，現在有學問，有知識囉！我表演給你們看一下。」

說完，便拿著棍子將自己打

得皮開肉綻，還不忘對大家說：「不要怕，不要怕，你看我有這藥，會立刻治好它的。」

阿誠為了要用藥來治病，硬把自己打傷，不但愚痴、自討苦吃，真是本末倒置，不明因果。

所謂「天下本無事，庸人自擾之」，世間上有許多人，原本相安無事，卻讓自己的妄想雜念、不當言行，攪得眾人不得安寧，自己也遭殃，何苦來哉？

佛陀慨嘆：「一切眾生皆有如來智慧德相，只因妄想執著而不能證得。」中國禪宗六祖惠能大師也說：「何其自性本自清淨，何其自性本無動搖。」人心原本淨如琉璃，潔如蓮花，然而一念迷，以致烏雲重重。唯有靠修行的力量，撥雲見日，一旦塵盡光生，則朗朗晴空任你翱翔。

死前吞財

印度有對婆羅門夫婦，財富無數，可惜沒有兒女可以繼承。他們害怕一輩子積集的錢財，會被別人所侵占，因此約定壽終前吞下金錢、珠寶，以便黃泉路上有充裕的資糧。

這對夫婦不久先後去世，依照當時的民俗，死人不埋進土裡，就放置在野外的樹林中。屍體經過日晒風吹，日久膨脹腐爛，吞下的金錢自然暴露在外。

有一位賢人看見他們身爛錢出的景象，不禁憫然流淚，感嘆世人的慳貪無知。

他取下屍體的金錢，備辦飯食百味，禮請佛陀及僧眾應供，為這對夫婦消愆求福。

走上黃泉的慳吝夫婦，死後成為腹大如盆、咽細如針的餓鬼，時時忍受著吞炭火焰、飢渴煎迫的果報，由於有人為他們供養佛陀及僧眾，這才脫離了餓鬼之苦。

他們聆聽了佛陀的說法：布施最富有，不僅現世身心安

樂，來生富足無憂……非常後悔自己生前只知積集財寶，卻不懂得布施行善。

吞下金錢的夫婦，企圖以此留住他們的財富，其實一文都帶不走。就如有的人，窮盡一生之力追尋夢想中的桃花源，用地位、權力、財富、事業、情感，期望打造幸福美滿的城堡，然而世事無常，終究像水上泡影，又能綿延持續多久？

從這則「死前吞財」的譬喻，也讓人警醒什麼是死後能帶走的？我們這一生究竟要留下什麼給別人？與其留下金錢還不如留下慈悲，留下產業還不如留下信仰，更來得恆久，令人懷念。

心的大小

有一位修道人拜師學道，他向師父提出了一個問題：

「如何知道心的大小？」

師父對他說：「現在，你把眼睛閉起來，然後在一分鐘之內，在你心裡創造一根毫毛。」

一分鐘之後，師父問：「你心裡的毫毛創造好了沒？」

「造好了，我正在觀想這一根毫毛有多細、多尖……現在我可以想得清清楚楚。」

「很好！眼睛再閉起來，用同樣一分鐘的時間，在你心裡建造一座大樓。」

這個人閉起眼睛觀想，然後一邊敘述著：

心中的大樓高約五十層，外觀大概有多寬、多大，顏色是什麼，用哪一種琉璃瓦……

「你現在知道心的大小了嗎？」師父問道。

不等修道人回答，師父接著又說：

「你在心裡造一根毫毛與大樓時，就能夠觀想出毫毛與大樓，可見同樣的一顆心，同樣的時間，既能造一根毫毛，也能造一棟大樓，因此心量可小可大。心量小，你就是小心眼，如果將心擴大如虛空、宇宙，你的心量便無窮盡了。」

俗話說：「宰相肚裡能撐船。」佛教更主張心是「橫遍十方，豎窮三際」，學習將我們的心，等同佛陀的心，佛心能包容天地，能將三千大千世界、無垠的宇宙都含納在心中，如此，那就是修行成功之時。

修女誦經

有一戶人家移民到澳洲，定居不久後，其中一位家人，不幸在當地因車禍而往生了。

按照中國人的習俗，在世者要為亡者誦經超度。於是家人請到寺院的法師，為亡者誦經。

這戶人家是虔誠的佛教徒，但是在當地結識的朋友，有許多是天主教徒，因此在告別式那天，便有一些修女前來參與。

那麼，修女和出家人在一起，究竟是念佛經，還是讀誦《聖經》禱告呢？

只見當法師們誦經的時候，與會的修女們很自然地拿起佛經，跟著出家人一起念誦。

事後，有些人好奇地問道：「你們怎麼也跟著誦佛經呀？」

修女們微笑回答：「同樣都是祝福，都是向亡者表達心意，何必一定非要禱告，而排斥誦念佛經呢？」

這一群修女並沒有因為宗教的不同，而互相排斥、互不往來，反而安然自在地出席佛教的法會，手持佛經，為亡者祝禱，他們的言行舉止，善體人意，令人十分動容。

各宗教的融和，就是從這種種小細節中著眼、落實，宗教間能彼此共存共榮，才能促進世界的和平，人民的安和樂利。

人與人之間的相處，若能視異己如親朋好友般對待，相互包容，彼此尊重，自會減少許多不必要的紛爭、誤會。如果人人都能從家庭和順做起，在人際上能夠人我和敬，就能社會和諧，乃至世界和平了。

兩個道士打鬼

在東城荒郊外，有一座道觀，平常很少有人來掛單。

某天晚上，忽然來了一個道士要掛單，道觀的人就帶他到一間上房安歇，並且跟他說：「你住在這兒要小心一點，這裡不太乾淨，常常鬧鬼的。」

這道士說：「修道人怕什麼鬼，不要緊。」

等那人出去後，道士將門關上，頓時，整個房間安靜極了。

又過了一會兒，又有一個道士前來掛單。

道觀的人要他自行到後面的一間上房去，也同樣跟他說：

「要注意喔！那個地方不大清淨，我們都不敢去住，常常鬧鬼的。」

這位道士也回答：「身為修道人，怕什麼鬼，沒有關係，沒有關係，我自己去。」

於是，他自己一個人走到道觀後面尋找房間，找著找著竟找到前一位道士掛單的房間。

他準備推門而入，卻發現門打不開，只好敲門喊道：「開門哪！開門！」

裡面的道士一聽，心想：「不得了，鬼來了！」趕緊將門抵住，死也不肯開門。

站在門外的道士，眼看這樣的情勢，心想：「果真有鬼。好！就是有鬼我也能抓。」

這兩個道士，一個抵門，一個推門，一鬧鬧到天亮。糾纏了一夜，兩個道士都精疲力盡，再也無力抵門和推門，結果門一開，相互一看，這才恍然大悟，虛驚一場。

俗話說：「疑心生暗鬼。」許多事情往往都是自己憑空想像出來的，以致顛倒迷惑。疑心讓我們無法看清事情的真相，而妄下定論，做出錯誤的決定。要想看清事情的真相，應將疑心轉為佛心，用佛心去看世界，那麼所見、所聞、所思、所想，也都會是佛的清淨世界。

法的勝利

佛陀涅槃後的一兩百年之間，印度孔雀王朝出現了一位偉大的國王，叫做阿育王。

阿育王相當於我們中國古代的秦始皇，秦始皇併吞六國統一中國，阿育王與秦始皇的時代差不多，

他統一了印度，戰勝了很多弱小的國家。

阿育王統一了印度之後，便以戰勝者的姿態，前往各個國家去巡視。當時各國的民眾，雖然夾道歡迎他，不過他看得出那許多的人民，都懷著怨恨的眼光。

他覺悟到，用武力得來的只是土地，可是並沒有征服這許多人的心。

阿育王後來信奉了佛教，就以佛教的慈悲與戒律治國，他致力於教育的普及、增加人民的福利，並且在各個街頭，用石柱刻著佛陀的法語，教敕百姓們修行佛法。

幾年過去了，各個國家轉窮為富，轉落後為進步，人民享受著和樂的生活。

有一年，阿育王再度到那許多鄰近的國家去巡視，老百姓夾道歡呼，聲音洋溢著心悅誠服的喜悅，眼中對阿育王擁護的敬意表露無遺。

阿育王慨嘆不已，原來佛陀的真理不虛：力的征服，不能永久的勝利；唯有法的攝受，才能贏得真正的勝利。

戰場上的勝利，不過是一時，不論再強大的武力，征服的只是有限的土地，唯有用法的教化，才能獲得民心，也才是真正的勝利。

力的征服，只能叫人順從於一時，唯有法的勝利，才能真正贏得人心，所謂的法，就是慈悲。慈悲沒有敵人，慈悲才能走遍天下，才能讓人感動，讓殘暴的「黑阿育」，成為廣受百姓愛戴的「白阿育」。

沒有東西

有一個人在羊腸小徑上推著車子，突然一個不留神，整個車子翻到水溝裡面去。他著急地請路過的人幫他把車子從水溝裡擡上來。

其中有一個人說：「我可以幫你把車子搬上來，可是你要怎麼感謝我呢？」

他說：「我沒有東西可以感謝你。」這人沒聽懂他說的話，就很歡喜地幫他把車子搬上來。

「好了，車子已經幫你搬上來了，你的報酬呢？」路人問他。

「我剛剛已經跟你說沒有東西給你。」

「那你就給我沒有東西嘛！」

「沒有東西就是沒有東西，怎麼給你？」

「沒有東西總是有個東西，就是給個沒有東西。」兩個人為此爭論不休。

旁邊一個有智慧的人說：「你們在這裡吵什麼？他跟你說沒有東西給你，就已經給了你沒有東西，你就不要再囉嗦了。」

「給我沒有東西，好像沒有東西給我啊！」

有智慧的人說：「愛情，是什麼東西？你拿得到、看得出嗎？涅槃是什麼東西？給你涅槃你看得到嗎？給你東西，不一定要有形有相。我給你愛，愛是什麼？我給你祝福，祝福是什麼？既然告訴你沒有東西，你就要接受這個沒有東西啊！」

我們往往只相信有形有相有感受的東西，其實，還有很多無形無相的東西，比方說真如、佛性、法身、永恆的生命，你看不到，抓摸不住，但並不代表這些不存在，若只著眼於有形的東西，而「看」不到那些無形的珍寶，將錯失生命的另一種財富，豈不可惜！

牛乳變酸醋

有一個人到市場裡買了一罐牛奶，因為牛奶很重，就暫時先寄放在朋友家裡。

過了許多天之後，他才去拿這罐牛奶，可是牛奶已經發酵了，酸得像醋一樣。

這個人非常生氣，責怪朋友：「我寄放在你這裡的是牛奶，你怎麼拿酸醋還我呢？」

朋友說：「你的牛奶我又沒動，還是原來的那罐牛奶，只是你太久沒來拿回去，所以它變質了。」

這個人不服氣，便告到官府。

官府說：「你的牛奶放在別人家裡那麼多天都不去拿，經過了時間的變化，怎麼可能還要得回當初的牛奶呢？」

娑婆世界是一個會變化的世間，是一個無常的世間，好的會變，壞的也會變。

人人都會改變，就像小男

嬰慢慢長大，會成為小孩、少年、青年、丈夫、老公公。變，是宇宙萬有的實相。

就像一年四季，春夏秋冬也在變；一天二十四小時，分分秒秒都在變；金錢、人情會變，面貌、身材、喜惡也都在變，人間萬事無一不在變化之中。

生存在無常變化的有情世間，必須歷經無數的生滅變異，是苦是樂，是平靜自適，就看我們怎麼應「變」了。

變，是世間不變的真理，一味執著世間是不變的，這是錯誤愚痴。如何在變化萬端的世間中，回歸到真實的自我？首先要自我肯定，以不變應萬變，以無所住的心面對一切，在遷流不息當中，就能找到不變的真心。

什麼都不怕

有一位老太太自小就喜歡吃糖，有時候甚至可以吃掉一整盒巧克力。

她的孫子擔心奶奶的身體，常常勸她：「奶奶！吃糖對腸胃不好，您不要吃那麼多，要戒口啊！」

老太太回說：「怕什麼？

我有胃腸藥。」

孫子說：「胃腸藥也不能把什麼病都治好啊！」

老太太還是說：「哎呀！世間上吃糖的人多的是，哪裡會輪到我生病哪！不怕。」

人常常因為什麼都不怕，天也不怕，地也不怕，最後吃了苦頭，才後悔莫及。

佛經有言：「菩薩畏因，眾生畏果。」菩薩與凡夫眾生的不同，就在菩薩知因果，慎於始，因此不當做的不做，不當吃的不吃，不當說的不說，慎因慎緣。

可是眾生往往不見因果，心無所懼，先做了再說。就像現今許多的綁票、竊盜、殺人、詐騙，人在犯案時不顧後果，心存僥倖，等到鋃鐺下獄，才來悔不當初。

一個人如果無所畏懼，對於父母、師長、主管，沒有敬畏之心，就會恣意妄為，罔顧倫理，父不父，子不子，破壞家庭的倫理，甚至下屬無視於上司，就會越級犯上，失去職場的倫理。

所謂「善似青松惡似花，看看眼前不如它；有朝一日遭霜打，只見青松不見花」，逃得了法律，終究逃不了因果的。

身而為人，必須時時存有因果的觀念，就不敢為非作歹，貪贓枉法；有了因果觀念，就不會營私舞弊，玩法弄權；有了因果觀念，就有自制力，不會破壞社會的秩序。

不如做瞎子

有一對年輕的男女，因戀愛而結婚，兩人可謂郎才女貌、金童玉女，十分親愛。

不久，兩人不幸因為吃藥不慎，導致夫妻同時眼瞎。丈夫害怕失去太太，太太也擔心失去先生，兩個人每天面對面，卻互相看不到，只有你握我的手，我握你的手，形影不離。

時光飛逝，三十年就過去了。

有一天，有人建議他們去看一位醫師，進行手術治療眼睛，

他們也因此復明了。

沒想到，當他們的眼睛一張開時，丈夫看到太太，一個黃臉、醜陋的女人在他面前，大喊：

「她不是我太太，這麼醜，你們怎麼把我的太太換走了呢？」

太太一看到丈夫，也驚訝地喊著：

「這個男人不是我的丈夫，

我丈夫英俊瀟灑，不是他，不是他！」

兩個人各自心目中的英俊丈夫和美嬌娘，早已經被時間偷換了，他們因此吵鬧不休，任誰來勸說都沒用。

後來，醫生看不下去，便說：「看來你們還不如做瞎子，眼不見為淨。」

世間是變化無常的，沒有一刻停息。山川在變，資訊在變，愛情在變，面貌在變，心智在變，思想在變，人生也在變，它不會因為我們的執著妄念而停格、停留。

故事中的年輕夫妻，無法接受彼此的年老色衰，沒有認識到世間變化無常的真相，才會招致痛苦。唯有隨著世間變化做調整，才能適應遷流不息的世間；如果一味墨守成規、執取過往，不但會失望、痛苦，也終將為時代所淘汰。

二不成雙一不單

光復後不久，臺灣銀行有一位襄理張劍芬先生，是個寫對聯的高手，據說十九歲就高考及格，做了縣長，可說是湖南才子。他尤其樂於為佛教、為各寺廟寫對聯。

曾經做過臺北善導寺監院、住持的悟一法師，也曾經請張

劍芬先生為他做一副對聯，並請張先生將「悟一」兩字運用到對聯裡。

可是這個「悟」的意義和「一」的數字無法對在一起，是一個很難做的對子。

然而，高手畢竟不同凡響，他究竟是做出來了。上聯是「迷即眾生悟即佛」，迷時即眾生，悟了就是佛。下聯是「二不成雙一不單」，「二」不以為雙數，「一」不以為單數，他跳脫了約定俗成的框架，可說極富禪意。

「一」並非「單」，那究竟是二大呢？還是一大呢？

比方說，一尊佛、一個人、一棟房子、一個臺灣、一個地球、一個虛空……「一」包涵了無窮無盡，不可限量，因此一並非單個，不小也不少。

所以，二也不見得就是多，宇宙萬有，萬法歸一，都含容在「一」裡面，又豈比「二」小呢？

悟道者對宇宙萬有不以量測，他不計較數字是多是少，不認為自己必須擁有幾千、幾萬、幾億才滿足；他不認為名下要有多少房屋、土地才覺得幸福。法界就在我這一心裡，我這一心擁有無量無邊的法界，就如「大千世界一禪床」，是何等逍遙，何等自在。

禪者的胸懷能包容萬物，溪聲、山色、人我、宇宙都在他的心中，何其遼闊。我們也應學習禪者的包容心，包容異己，包容忙碌，包容煩躁，包容厭惡……讓我們的心愈來愈像無垠的大海，不捨涓滴，含藏大千。

說哈囉

我曾看過許多鸚鵡、九官鳥學人講「阿彌陀佛」、「客人請吃茶」、「恭喜發財」，發音之準確，相當博得眾人喜愛。

有位信徒非常喜歡會說話的鸚鵡和九官鳥，總希望自己飼養的九官鳥和鸚鵡學會講人話。

為了達到這個目標，他無時無刻都在教牠們講「哈囉！」「OK!」

可是無論他多麼賣力地訓練，鳥兒就是不領情，因此，他經常氣急敗壞，情緒高漲地直罵：「真是愚蠢哪！」

有一天，這位信徒跟我講述了鳥兒的情況。

我說：「你願意把你的鸚鵡送給依嚴法師嗎？讓你的鳥兒跟依嚴法師的鳥兒住幾天，看看是否能學會？」

他立刻欣然應允，於是他的鳥兒與幾十隻會說話的鸚鵡與九官鳥，共同生活了一段時間。

過沒多久，牠們果真也能

逢人說「哈囉！」「OK!」

為什麼換個環境就會說話了呢？那是因為跟「同類」住在一起，比較容易模仿。

一如佛陀的教法，除了契理，也強調契機，意即只合乎道理仍顯不足，合乎根機，才能達到度眾的功效。

佛教有所謂的「四攝法」，其中一項就是「同事攝」。比方說：面對軍人，要跟他講軍法；面對家庭主婦，須為其說家庭主婦的佛法，應人應機說法，才不會對牛彈琴。這就好比一個大人，如果用大人的行為、理念去要求小孩，這是錯誤的教導模式。唯有觀機逗教，隨機應變，就如觀音度眾，應以何身得度者，即現何身而為說法，才是最上等的教育法。

觀音靈感的故事

基隆有一對結婚多年的夫婦，一直沒有孩子，他們向觀世音菩薩祈求，希望觀音送子。四十多歲時，終於生了一個兒子，他們認為一定是菩薩慈悲，才能如願以償。為了祈求孩子平安長大，他們常到寺廟裡朝拜菩薩，為菩薩重新裝金，並獻上豐盛的花果供養。

孩子一天天長大，轉眼間三歲了，不料，一次的冬季流行感冒，引發了急性肺炎，急救無效而亡。夫婦二人痛不欲生，天天淚眼相對，埋怨老天沒有眼睛，更怨恨觀世音菩薩，為

什麼夫婦倆虔誠禮拜了三年，菩薩卻沒有保佑他們的孩子。

夫婦二人決定一早就到廟裡找菩薩算帳，討回公道，要把這尊沒有靈感的觀音像打壞，不讓他白白消受施主的供養。

半夜裡，觀音菩薩來到他們的夢中，解說了前因後果：

「其實，你們生兒子與我無關，那是你們之間的因緣業報。你們的兒子是個討債鬼，與你們有深仇大恨，他會讓你們傾家蕩產，最後送掉你們的老命。我是感念你們三年來為我裝金、重整寺廟，這才為你們消災解難。」

觀音慈悲地看著這對夫婦，又說：「三年來，我苦勸他『冤家宜解不宜結』，總算他願意一筆勾銷，不向你們討債討命。我這樣苦心為你們保住家產和性命，你們不但不感謝，還怪我沒有感應，白白接受施主供養，實在是冤枉我啊！」

夫婦二人冷汗淋漓地醒來，油然生起懺悔之心，這才明白因果絲毫不爽，人世間歡喜的表相，隱藏著痛苦的結局。後來他們終生以佛門為家，永遠做菩薩的義工。

常有人說，夫妻是冤家，兒女是討債鬼，或許有的真是冤家聚頭和小鬼討債，但是若能秉持「轉惡緣為善緣」、「消孽緣成助緣」的正觀善念，那麼業火烈焰最終會化為清涼紅蓮，不再彼此逼迫相煎。

懷珠作丐

有一則「懷珠作丐」的譬喻故事，內容描述一對富有的夫婦，晚年得子，卻是喜憂交集。

喜獲麟兒雖然歡喜，可是自己年歲已高，擔憂等不到兒子長大成人，就已經撒手人寰了，他們辛苦一生掙來的萬貫家財，萬一被壞人侵占，年幼的孩子便命運堪虞。

為了避免這樣的事情發生，老夫婦想出一個好辦法。他們在孩子的衣服裡，縫了一塊布，布裡包裹著一顆價值連城的夜明珠，足以讓孩子一生不愁吃穿，以防將來孩子窮苦潦倒。

幾年後，老夫婦死了，不久家裡又慘遭祝融之災，所有的家產付之一炬，只留下這無依的孩子，孤零零地流落到街頭行乞。苦孤兒四處乞討維生，時日久了，他也慢慢忘記自己的身世，忘記自己故鄉的人事物。

歲月挪移，日子點滴流逝。一天，苦孤兒行乞到自己出生之地，被鄉人認出

來，並告知他的身世。然而乞丐做久了，他不敢相信自己出身於大富人家，仍然懷著一顆夜明珠，四方流浪乞討維生。

在這有情世間，人人都像是苦孤兒，懷著與三世諸佛無異的光明佛性，流浪於無盡的生死海，死死生生，流轉五趣六道，忘記自己本來面目，不明自家珍寶具足，卻以乞討紅塵濁世的貪瞋痴維生。

佛說「大地眾生皆有如來智慧德相」，苦孤兒卻不敢承認「我是佛」，只有拖著臭皮囊一世又一世。

佛光山的山門，有一副楹聯「問一聲汝今哪裏去，望三思何日君再來」，即是聲聲叩問無數入寶山的有情人，如今一去人間行乞，何日再歸來，端坐自性法座？

頭的貴賤

印度的阿育王，是位很虔誠的佛教徒，每次看到僧人都磕頭禮拜。大臣們看了頗有微詞，經常勸諫：「大王，您是一國的主宰，身分尊貴無比，為什麼看到僧人就頂禮，難道大王的頭那麼低賤嗎？」

阿育王聽後不發一言，內心思量著如何讓大臣了解貴賤的區別？於是他運用了一個方法，差人拿布包裹著一個豬頭，到市場叫賣，囑咐那位差人在市場上說：「這是阿育王的頭，特賣五十元。」結果市場裡的人都嚇得紛紛走避，唯恐惹禍上身。

過了幾天，阿育王又差人把豬頭拿到市場上叫賣，說：「新鮮的豬頭，特賣一百元，要買要快喔！」果然大家爭先恐後地搶購。

阿育王就以此責問大臣們：「你們看！一個低賤的豬頭都可以賣一百元，我的頭只賣五十元卻沒有人要，你們還說我的頭尊貴無比，到底尊貴在哪裡呢？」

什麼叫尊貴？什麼叫下賤？不是說王的頭就叫尊貴，豬的頭就是下賤，貴賤的標準來自於人心的分別，頭哪有分貴賤呢？譬如，歡喜山邊的別墅幽美，即使免費招待你住在五星級的大飯店，也不覺得有什麼價值。

一般人都喜歡用二分法，但在佛法中，強調的是不二法，沒有高低貴賤、好壞美醜的差別，因為一有分別，就有了是非煩惱。阿育王明白恭敬心才是最崇高尊貴的價值，因此能謙卑向僧人禮拜，得到禮敬的無上功德。

佛門裡，合掌代表恭敬，禮拜代表恭敬，合掌禮拜代表身心昇華與聖賢同在。當一個人能夠向一切眾生禮拜恭敬，身體雖然低伏，心靈卻已調伏我慢的煩惱，反而顯發心地的至高尊貴。

講清楚說明白

多年前我常到金門、馬祖，為遠在前線捍衛國土的軍中子弟講演。

那時候，我看到軍營的牆壁上，寫著「講清楚說明白」的標語，深覺意義實在太大了，我也一直牢記於心，常與徒眾分享。

人和人之間的誤會，為什麼不能解決？就是因為沒有「講清楚說明白」。

無論是工作同仁之間，還是同學之間，一群來自四面八方

的人，要在一個團體裡共同生活，除了個性不同之外，必定還有意見不同、思想不同、興趣不同、作風的不同，那麼該如何超越彼此的「不同」，融洽相處呢？

這就必須「講清楚說明白」，言語上不要老是暗藏玄機，凡事說清楚才能互相了解，才能互相諒解，達成共識。

每個人都是一個獨立的個體，有各自的看法與觀點，必須透過溝通的橋梁，交流彼此，而溝通最要緊的就是要「講清楚說明白」。

父母對兒女的情感、教育，要講清楚說明白；長官對部下的期待、交辦，要講清楚說明白；甚至於朋友之間、夫妻之間、同事之間的往來互動，也要講清楚說明白。凡事講清楚說明白，則事半功倍，會得到更多的幫助，也避免無謂的誤會與猜忌。

「講清楚説明白」的交流與溝通，才是上上之策，如果能落實在我們的生活中，必能成就一切好事。

無根菩提樹

當年，我在大樹鄉麻竹園初創佛光山的時候，承蒙統一企業集團董事長吳修齊先生，從臺中買了很多的菩提樹幼苗送給我，從此我開始在全山栽植菩提樹。

有一年，剛好遇上賽洛

瑪颱風，把山上許多小菩提樹吹倒了，有的扶正就好，但是有的連根都斷了，葉子也都落盡了，所剩的只是一根細細的枝幹。

我記得，在寶橋邊上有一棵菩提樹，在這次颱風中飽受摧殘，根部斷裂，但我仍抱著一絲絲希望，重新將它再插入土裡，每天早晚必定去為它澆水。

就這樣，經過我細心的照料之後，過了一段時間，竟然發現它的枝葉，又重新冒了出來。頓時，我信心大增，就更用心照顧它了。如今這一棵菩提樹，已經長得高大挺直、枝葉繁茂。

一棵植物失去了根是活不了的，但是給予它愛心和照顧，竟然再現生機，真不可思議。

科學家們作過研究，假如對於花草，能夠每天去關懷它、讚美它，花草會長得很茂盛；如果對這些花草只有諸多批評，它慢慢地就會凋謝、乾枯了。

甚至於我們養的小貓、小狗，每天去看牠，對牠微笑、讚美，在愛的照顧下，牠也會發育得很好；如果你常常咒罵牠，說牠不好，慢慢地牠就愈來愈沒信心，表現出不開心的樣子。

對於兒童，也應當實施愛的教育，愛護他、關心他、鼓勵他，在愛的滋潤下，日後必能成為社會上有用的人。

佛教主張「有情無情，同圓種智」，人間萬物都有蒙塵未顯的清淨本性，將來都有開悟解脫的機會，所以不輕視任何一個眾生。即使是社會教化，也要以照護無根菩提樹之心，愛語關懷、鼓勵讚美誤入歧途之人，引導他們走向正道。

與佛無緣

曾經有一年，颱風下大雨，山洪暴發，洪水淹進了民宅，有一位虔誠信仰阿彌陀佛的人，為了逃生，趕緊爬到自家屋頂。

但是眼看水位一直上升，已經淹到了膝蓋，他只好不斷地向阿彌陀佛求救。

不久，有一個人駕著獨木舟前來搭救，他看到來的人是原住民，厭惡地揮揮手說：

「我不喜歡和原住民往來，我有阿彌陀佛會來救我。」

水繼續上漲，淹到了他的腹部，他又拒絕了遊艇的援救，因為他討厭機械文明。

漸漸地，水已到了他的胸前，他心急如焚，不斷念著：「阿彌陀佛，您趕快來救我呀！」

最後，一個美國人駕著直升機，拋下一根繩子，要拉他上來，他還是不肯

接受救助，因為前來救援的是個美國人，不是他心目中的阿彌陀佛。

這個念佛人痴痴地等著他的阿彌陀佛，一再拒絕任何人的援助，最終溺斃了。

不過，由於他信仰虔誠，還是到了西方極樂世界。他一見到阿彌陀佛，立即抗議：「我對您深信不疑，為什麼您不來救我？」

阿彌陀佛回答：「我駕獨木舟，你嫌我是原住民；我換成遊艇，你不要機械文明；我用直升機救你，你又厭惡外國人。你有眼若盲，不接受別人的真心善意，如何能得救呢？」

佛在哪裡？有一首詩偈說：「佛在靈山莫遠求，靈山只在汝心頭；人人有個靈山塔，好向靈山塔下修。」念佛人不識本心，佛在面前，不肯相認，就像世間的痴人，心外求佛，不知人人皆是未來佛。諸佛的安樂國土，都是為眾生服務而成就的，當我們尊重眾生如佛，萬億佛祖，便近在眼前。

泡沫山的故事

有一座靠近大海的森林，聚集了五百隻猿猴，大夥在森林裡過得非常快樂。

有一天，幾隻猴子來到海邊，遠遠望著一座由海水泡沫所聚集起來的山。

猴子想，我們光是住在這座森林裡，應該出去外面看看，這山真像花果山，一定很好玩。

可是想歸想，大家都不敢嘗試到這座山上去。

後來，有一隻高壯的猴子說：「我先去看一看。」

隨即，勇敢地跳到泡沫山裡。

猴子跳下去後，久久都沒上來，其他的猴子很奇怪：

「大概太好玩了，玩得都不曉得回來告訴我們。如果只讓牠享受，這個划不來，乾脆我們大家一起去。」

於是大家就相繼跳進泡沫山裡，全給海水淹死了。

世間的有情眾生，就如遙望泡沫山的猴子，社會上的五欲六塵，就像是一個虛幻的泡沫山，令有情眾生痴迷嚮往，然後像飛蛾投火般，不顧一切衝進去，最終讓燈紅酒綠所淹沒了。

社會的欲海，人投進去後往往不知道出來，只有愈沉淪愈深。所以青年朋友們，必須要有智慧的長者引導、開示，什麼地方是危險的不能去，什麼事情是不智之舉犯不得，要有明辨善惡是非的能力。

五百隻猿猴，安分地待在森林裡多好，
由於好奇心的驅使，紛紛跳入泡沫山裡，
就像青少年吸毒，因為好奇一試，就此
沉迷於毒海，實在可悲。還望現代青年
謹慎每一步，切莫一失足，成千古憾恨！

福慧不雙修

有兩個出家的師兄弟，師兄專門修福報而不修智慧，他好做慈善事業，福利人天，對於文教事業較不歡喜熱心。師弟每天研究經論、參禪打坐，一心想證果解脫，覺得與大眾作務勞動很浪費時間，不

修福不修慧，大象披瓔珞；
修慧不修福，羅漢應供薄。

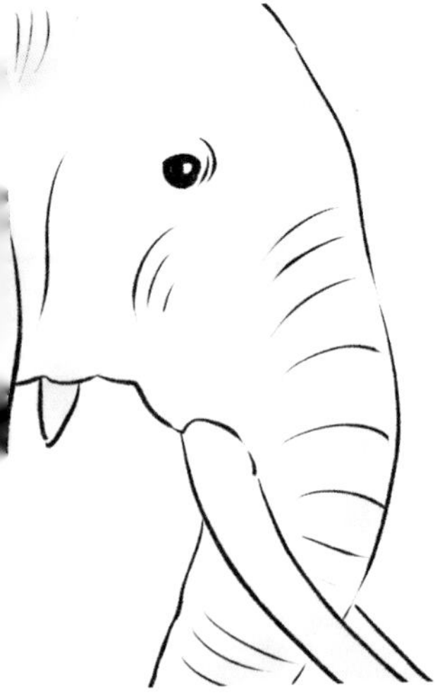

願意參與。

兩個師兄弟，一個修福，一個修慧，各自堅持自己的修行法門是最正確的。

後來，修福不修慧的師兄，百年之後投胎到王宮，成為一隻大白象。象在印度視為祥瑞，因此在王宮裡，有專人替牠洗浴，餵食鮮美的水果，披搭瓔珞花蔓，還帶牠到花園散步，享受無比的恩寵。

而那位不肯結緣修福的師弟，只想修慧自了，由於他的勇猛精進，最後證得阿羅漢果，但是卻連三餐吃飯都成問題。

阿羅漢有飛行神通，因此這個師弟打算找國王理論，質疑國王不重視悟道的聖賢，讓聖賢沒飯吃。途中，他看到一頭大白象，披金戴銀，備受榮寵，他定睛一看，才發現這頭白象是自己的師兄。

他疑惑著：師兄怎麼會變成大象呢？他終於悟得一個道理：修福不修慧，就是享受福報也如畜生一樣愚痴；只知修慧不修福，到最後乞討無門，連三餐都沒得吃。悟到修行真諦的師弟，留下一首耐人尋味的偈語：「修福不修慧，大象披瓔珞；修慧不修福，羅漢應供薄。」

這則譬喻故事警惕學佛者，應該福慧雙修，悲智圓滿，如《金剛經》裡「是法平等，無有高下」的教育，尤其是學習大乘菩薩道的行者，更應懷有「為度無量眾，遍學一切法」的廣大胸懷。

貓兒問食

話說一隻母貓生了小貓，小貓在母貓細心呵護下逐漸長大，一直到該斷奶的時候，小貓對母貓說：「媽媽，以後我不吃奶，要吃什麼呢？」母貓就告訴牠：「孩子，不用媽媽說，人類自然會告訴你，你要注意聽人類說的話喔！」

有一天，某家的主人對孩子說：「你要把滷肉的鍋子蓋好，還有那條煎好的魚也要蓋好，別給貓子偷吃了。」小貓恍然明白：「哇！原來魚、肉都是貓可以吃的，不然人類為什麼要統統蓋起來呢？」

貓兒問食，反應了「此處無銀三百兩」，愈是遮掩愈是顯露，所謂「欲蓋彌彰」，適得其反。

就像父母教導兒女，只是叨唸著：「不可以玩吃角子老虎的遊戲，不可以跟壞朋友混在一起，不可以去賭博……」愈是說不可以，

孩子反而更好奇，愈想去試看看。

有智慧的教育，不應該建立在完全的否定上，父母老是說「不可以」、「不對」、「不行」，這樣是沒有用的，反而應當教導子女，什麼是「可以的」、「可行的」、「應該做的」、「有意義價值的」、「值得嘗試的」……

比方說教導孩子：找老師解惑，到圖書館找參考書，到寺院請法師開示，找朋友去欣賞大自然的美景，參加社會公益等等。從正向、肯定的層面，教導子女正確的作法與觀念，引導子女走向正確的道路。

教育孩子，如果總說不可以、不可以，就像讓貓子知道可以偷吃魚，不妨多以正面的引導，代替負面的禁令，反而能讓孩子的未來更廣闊。

最後三年不好過

有個父親對他的獨生子非常溺愛，每天不但親自下廚煮飯菜給兒子吃，還替兒子洗衣服，整理床鋪，甚至供應兒子的茶水飲用，把兒子視作太上皇般侍候。

由於父親種種的呵護和關懷，兒子也覺得理所當然，一切事情都讓父親來做。

一直到了兒子三十歲時，父親還是細心呵護，於是養成了兒子什麼事都不會做的習性，生活裡的大小事務，無不仰賴父親的照護。

有一天，父親帶著兒子去算命，算命先生經過一番仔細推敲之後，告訴他們：

「父親可以活到七十歲，兒子只能活到四十五歲。」

如果照這麼推算，當父親七十歲時，兒子才四十二歲，一旦父親死了，兒子還有三年要活，到那時，失去依怙的兒子要怎麼辦呢？

兒子因此十分傷心、難過，他對爸爸說：

「爸爸，我四十二歲以後的三年，該怎麼過？我不會做事啊！」

父母愛護兒女，本是人之常情，然而養成子女獨立的性格，與自我生存的能力，更是不可少的教育責任。不能因為父母對子女萬般呵護，而養成兒女懶惰、無能的個性，連基本的生活自理能力都不會，反而是愛之適足以害之。

愛護兒女，要愛之有道，護之有理；不只是愛護兒女的童年、青少年，更應該考慮到他們的未來，為他們的一生做好打算。

我曾經在加拿大一處河邊，看到母親把才一歲左右的小孩，朝水裡一丟，讓小孩自行爬上岸來。最初看到時，覺得這母親很殘忍。後來靜心一想，持平而論，美式的教育，是從小養成子女自立自強、自我奮鬥的精神，這樣的教育理念，也是中國的父母應當參考、學習的地方。

金婚之喜

有一對老夫妻，在金婚之日想要來一次有別以往的結婚紀念日。

兩人說好，這一天在當初戀愛時約會的老地方見面，重回年輕談情說愛的時光。

結婚紀念日當天一早，老公公依約在兩人說好的橋

邊等候。

然而車來人往，時間逐步挪移，老公公從豔陽高照盼到月掛星空；從開始的興致高昂等到興致全消，仍不見老婆婆的蹤影。

老公怒氣沖沖地趕回家裡，卻見到老婆婆安穩地躺在床上。

老公一看，更是火冒三丈，指著老婆婆責問：

「你怎麼還躺在這裡？約會時間都過啦！你連人影都沒出現！」

老婆婆只是慢悠悠地回一句：「媽媽會罵我的。」

原來，老婆婆帶著老公公「回到過去」，是回到兩人交往時，父母嚴格管教的時光，想在金婚之日，給老公一個別出心裁的禮物。

人生有時也該如此，以幽默的言行，為自他的生活留下特別的紀念，特別的回憶。

現代人生活步調快速，身心常處在緊繃的狀態，與人相處時很容易產生磨擦與誤會，甚至彼此惡言相向，大動干戈。適時的幽默，不僅能化干戈為玉帛，甚至一笑泯冤仇。

幽默是為人處事的潤滑劑，能讓對方會心一笑，進而拉進彼此距離。幽默，更可以為人生增添歡樂，讓單調平凡的生活轉為趣味橫生。

幽默是諧而不謔，是自我調侃；如果傷到他人，甚至是惡作劇，就失去幽默的價值與原意。有智慧的幽默，就如風趣活潑的禪者，讓人如沐春風。

救心

六十多年前，我初到臺灣，沒有自己的寺院道場，只要有人需要佛法，我不計鬧市或是深山，都肯發心前往傳教。

那時候，一個月當中，我乘著平快火車，北至宜蘭，南至鳳山，南北往返的次數不計其數。雖然十幾個小時的車程，舟車勞頓，但我甘之如飴，常常利用乘車的時間看書，或是勾畫未來佛教的藍圖。

有一次，我乘著平快火車，有一位神情慌張的年輕人，跑來坐在我的旁邊。過一會兒，兩個警察也直奔而來，在我還沒有會意時，身邊的年輕人對我說：「你的念珠借我。」

警察走到我座位前，懷疑地端詳著年輕人，小聲地商討著：「好像是他吧？」「應該不是他，你看他是個『呷菜人』，拿著念珠不停地念佛。」

兩個警察走了以後，年輕人把念珠還給我，他看我是出家人，就安心地主動告訴我實情。原來他剛剛在候車站偷錢，結果被警察發現了，緊急跳上火車逃逸。他向我不斷感謝：「謝謝你的念珠救了我。」

我回答他：「我的念珠只能救你一時，但不能救你的心。

如果你偷盜的心不肯改正，以後還是會有警察抓你。」他聽了很詫異，沉默半晌，靜靜地起身，走到前面的車廂，向警察認罪。

在下一個停靠的車站，他佇立在我的窗前，雙手被手銬鎖著，我推開車窗向他說：「恭喜你重生了！得到心靈的自由。」

這段火車上的奇遇，還有後續的發展。過了幾年，我在宜蘭雷音寺再度和他重逢，他帶著新婚的太太，滿是喜悅的神采。

他對我說：「感謝你救了我的心，也救了我的一生。我聽

你的話，心甘情願自首，現在有了工作和家庭，生活過得安心自在。如果當時沒有你的一席話，我縱然逃得了一生，卻會永遠住在心的牢獄，得不到平安和幸福。」

人非聖賢，孰能無過？佛經上說，世間上有兩種清淨人，一種是斷除諸惡的聖賢；一種是犯錯改過的人。這兩種人，同等尊貴，同等清白。勇於承擔自己的錯誤，勇於修正改過，就像這段火車奇遇記的年輕人，救了自己的心，也為自己換來平安和幸福。

三八二十三

顏回，在孔子門下七十二賢人中，以德行著稱，他對孔子敬仰有加，無事不從。

有一天，顏回在一家布店門口，看到有兩個人為著布料的價格爭論不休，賣布的要收二十四塊錢，但買布的喧嚷著：「一尺布三塊錢，八尺布是二十三塊錢，我為什麼要付二十四塊錢？」

顏回認為買布的人無理：「這位仁兄你錯了，三八是二十四，你應該付給人家二十四塊錢才是。」買布的人一聽，轉過頭，戟指怒目：「你有什麼資格說話，只有孔夫子才有資格評斷，咱們找他評理去！」

顏回說：「那好！如果他說是你錯了，怎麼辦？」買布的人說：「如果我錯了，我就把頭給你，但如果是你錯了呢？」顏回說：「如果是我錯了，我就把頭上的頂冠輸給你。」

在孔子處所，顏回將整件事情的來龍去脈向孔子說明後，只見孔子面帶笑容對著顏回說：「你輸啦！三八是二十三，你把帽冠取下來給人家吧！」對於老師判定的結果，顏回雖然唯命是從，但心想老師真是老糊塗了。

隔日，顏回便藉故家中有事，想請假回家。孔子明白顏回的心事，也不說破，只囑咐他：「千年古樹莫存身，殺人不

三八
二十三

明勿動手。」

回家路上，雷聲大作，顏回趕緊躲進一棵樹幹中空的古樹，忽然想起老師說「千年古樹莫存身」，隨即離開古樹。這時，一個響雷竟把古樹劈個粉碎。

顏回心有餘悸地連夜趕回家。夜深人靜，他不想驚動熟睡的家人，只用隨身佩帶的寶劍撥開門栓。進了屋裡，發現床上睡了兩個人，霎時怒氣填胸，才要舉劍，又想起孔子的話「殺人不明勿動手」，點燈一看，原來是妻子和妹妹。

顏回大吃一驚，不等天明就迫不及待離家而去。他去向老師懺悔，同時感謝老師的話救了自己、妻子及妹妹的性命。

孔子低聲溫溫地說：「我知道你不服我的判決，動了不想與我學習的念頭。我問你，是生命重要？還是帽冠重要呢？」

顏回不假思索：「當然是生命重要了。」

孔子說：「這就對了，如果我說三八是二十三，你輸的只不過是一頂帽冠；如果我說三八是二十四，買布人輸的可是一條人命呢！」

世間的是非沒有絕對，但看所處的立場、角度。以常理而言，三八應是二十四，孔子卻認為三八應是二十三，因為他看到的是表相後面的生命價值。妄下定論是一般人常有的習性，以致處事不周，不懂瞻前顧後，或者因小失大，或者傷人害己。奉勸各位，在下決定前，不妨自問：究竟「生命」重要？還是「帽冠」重要？

一百元

佛光山於臺北市的民權東路上，有一間別分院「普門寺」。

有一回，慈惠法師自普門寺出來，正在民權東路上買東西。

突然間，一個國小五、六年級的小學生，從後頭拉住慈惠法師的衣角，囁嚅地說道：

「法師，你給我一百元好嗎？」

由於社會亂象叢生，詐騙事件時有所聞，慈惠法師面對小學生突如其來的舉動，不勝疑惑。

還未回神時，小學生又說：「媽媽今天不在家，老師要我們交作業材料費，我需要一百元。」

慈惠法師起初認為，這孩子有可能是騙錢的，然而看著他額頭沁著汗珠，漲紅的臉蛋流露出殷切期待的模樣，又想：「或許他真的需要這一百元吧！」於是掏錢給他。

一個多月以後，一個穿著時尚的婦人到普門寺找

慈惠法師。

見面時，這位婦人開口道：「師父，你認識我嗎？」

慈惠法師回答：「抱歉，我不認識你。」

只見這個婦人上前一步，熱絡地握著慈惠法師的手說：「我因為出國，忘記留錢給孩子，他說某天學校要交作業費，少了一百元，是師父你給他的。聽說你正在籌辦佛光大學，我就以十萬元贊助辦學，聊表心意吧！」

做一點善事，看似給人，實際上卻是種一收百，種百收千，種千收萬。就像慈惠法師的一百元，換來了十萬元的功德，甚至無以計算的歡喜與感激之心。佛陀勸勉佛弟子應當「不捨微塵善事」，小小的布施，哪怕是一句話、一分錢、一個微笑，都是人世間最善美的暖暖溫情。

不痴不聾

中國戲劇中的《打金枝》一劇，出自於《資治通鑑》裡，一則頗具哲理的歷史典故：

唐代宗的四女昇平公主，在十餘歲時，下嫁給名將郭子儀的第六子郭曖。

有一次，郭曖與昇平公主

爭吵，郭曖氣憤地說：

「你仗著父親是天子嗎？我父親不過是不想做天子罷了，不然……」

昇平公主聽了這悖逆之詞，怒氣沖天，隨即乘車回宮，打算請唐代宗治罪於郭曖。

唐代宗聽了，只是平心定氣地說：

「郭曖說的話不是你能明白的，郭子儀確實不想當天子，倘若他想，那麼天下豈是歸你家所有！」

唐代宗安慰昇平公主一番後，便勸她回去。

郭子儀聽聞這件事後，命人將郭曖囚禁起來，隨後入朝請皇上治罪。

唐代宗說：「有句諺語說：『不痴不聾，不作家翁。』兒女閨房中的話，哪能當真？」

雖然如此，郭子儀回去後，仍杖責郭曖數十下。

唐代宗雖然貴為一國之君，卻不因公主夫妻間的口角齟齬，遽下評判，而有損君臣關係，這是明理；唐代宗雖不責罰，郭子儀仍然痛責郭曖，是懂得禮節，懂得管教。

以古為鑑，唐代宗的通達事理與郭子儀的知所進退，實可做為我們處事做人的榜樣。

父母對兒女，有慈藹的關愛，也要有嚴厲的教導；我們對朋友，有無私的對待，也要有坦誠的勸誡。對於他人過失，應懷寬讓之心，留些餘地，不必苛求嚴查。尤其在小事上，不必計較爭論；對他人缺點，不過於計較苛刻。如此待人處事，便能和諧圓融了。

五百兩銀子

有朋友二人走在路上，其中一人突然開口說：

「要是在路上撿到五百兩銀子，應該怎麼分呢？」

另一人回答：「一人一半哪！」

「怎麼可以！銀子是我先發現的，應該是我三百兩，你二百兩才對。」

「不對，不對，即使沒有你，我一樣會發現。」

兩人為此爭相辯論，誰也不肯退讓，就在路旁僵持不下。

這時，有一個路人經過，好奇地問：「你們在爭論什麼

啊？」

兩人搶著說明了經過。

路人一聽到五百兩銀子，不禁眉飛色舞，立刻伸手：「你們應該各分二百兩，剩下的一百兩給我……」

聽到路人這麼說，他們忍不住哈哈大笑：「只可惜這五百兩還沒機會撿到呢！」

故事中的主人翁，一邊是為白日夢爭執不休，一邊是為錢財遮眼，不明是非，看來可笑，也引人反思：我們是否也常為了虛幻不實的世間事，貪著不放？是否在名利的波浪中，迷失航向？在情愛的漩渦裡，掙扎惑溺？在紛亂的人事裡，載浮載沉？

所以，佛陀在《大寶積經》中提醒我們，世間的虛妄不實：「一切法如幻，覆眾生心故；虛妄猶如夢，應如是受持。」

人生若夢，把捉不得，要是看不透，就只能隨之愛憎苦惱了。《雜阿含經》有云：「若無世間愛念者，則無憂苦塵勞患；一切憂苦銷滅盡，猶如蓮花不著水。」身居何等角色，便盡力扮好；身負何等任務，便盡力做好，但更重要的是，一朝下台時，更要坦然灑脫才是。

棉被裡的泡麵

有一位中年喪妻的父親，獨自撫養年幼的兒子。

有一天晚上，他從公司回家了。一整日忙碌的工作，讓他身心疲頓不已，情緒更是煩悶不快，縱使如此，他還是掛念兒子是否已安然入睡。

當他走進房間探看，只見兒子躺在床上沉沉酣睡，才要幫兒子拉好棉被，竟發現被子裡有碗打翻的泡麵。

他一怒之下，朝熟睡中的兒子打去，一邊罵著：

「這麼不乖，把棉被弄髒，惹爸爸生氣！」

猛然從睡夢中被驚醒的兒子，哽咽著說：

「我沒有不乖，我是怕爸爸的晚餐涼了，我才放進棉被的……」

這個父親一聽，真是滿心慚愧，抱著兒子連連道歉，很後悔自己竟然不明就裡打了兒子，誤解了兒子的一番好意。

孩子的世界很單純、很

善美，倘若以大人的思想、觀感去對待、揣測，反而徒增曲解，加深彼此的鴻溝，又何以能走進孩子的心靈世界呢？

因此，如何搭建與孩子之間的溝通橋梁，實是為人父母、為人師長者，應當深思、學習的重點。

《普門品》提到，觀音菩薩度眾是「應以長者身得度者，即現長者身而為說法；應以居士身得度者，即現居士身而為說法……」身為父母、為人師表者，在教育孩子之時，也應學習菩薩，隨順眾生的根機，運用種種的善巧方便教化，適切適性給予教導，適時適地施設方便。

天下第一棋手

輸贏勝負之間的分界，多取決於表相與慣性，大家約定俗成，認為高者為勝，低者為敗；活者為勝，亡者為敗；富者為勝，貧者為敗；強者為勝，弱者為敗；得者為勝，失者為敗……於是「輸贏」、「勝負」就成了

世間戰爭、爭奪、貪婪、紛亂動盪的根源。

輸與贏、勝與負，其實有更奧妙之處，誰能參透個中妙義，誰就是人生真正的贏家，只是很少有人能看清這當中的價值和意義。

清朝名將左宗棠是圍棋高手，有一次出征途中，見到一間茅廬懸掛著「天下第一棋手」的匾額。

他好奇入內挑戰，與茅廬內的老人對弈三盤。結果，老人接連敗北。

臨走的時候，左宗棠意氣揚揚，指著「天下第一棋手」的匾，說：「這匾額可以卸下了。」

當左宗棠從前線班師回朝，再次路經茅廬時，看到「天下第一棋手」的匾額仍然高高懸掛，甚為生氣，又再與老人對弈。

這回，老人三盤皆贏，左宗棠大感訝異，問其故？

老人說：「上回你有軍務在身，即將率兵出征，我不能挫你的銳氣，因此手下留情。如今你已經得勝歸來，我當然全力以赴，當仁不讓啦！」

表面上，老人輸了前三盤棋，但他以大局為重，不在棋盤上爭輸贏，較高低。其實，這兩回棋局，真正的贏家都是老人啊！

對於人生的種種，老人的智慧值得我們學習：輸時不喪氣、贏時不忘形，以平常心看待；不爭一時的輸贏，能顧全大局、眼看未來；能韜光養晦、謙讓退步……這才是人生真正的贏家。

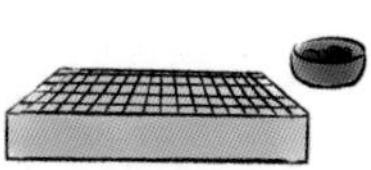

黃金月亮

從前有一個小公主，每夜躺在病床上，望著窗外的月亮，心裡想著：「要是能擁有月亮，那該多好呢！」

她把這個想法告訴國王，國王愛女心切，希望能滿小公主的願望，於是召集大臣商討辦法。

然而，任憑大臣們絞盡腦汁、左思右想，還是想不出個辦法，國王為此更是又急又惱。

某天，有個法師到宮廷布教，聽說此事，胸有成竹地晉見國王，表示可以滿小公主的願望。

國王開心極了，迫不及待問法師有什麼辦法。

法師說：「國王啊！你得讓我與公主見個面。」

國王二話不說，立即安排法師與小公主會面。

法師親切地問：「小公主，你看到的月亮到底有多大呢？」

「月亮啊！有這麼大。」小公主將食指略彎了一下，認真

地回答法師。

法師又問：「那月亮是什麼顏色呢？」

小公主看著窗外，細聲說：「金色的。」

於是，法師請國王找一個工匠，用黃金鑄造一個如食指般粗的月亮，送給小公主。擁有月亮的小公主，因為遂心如願，也漸漸康復起來。

其實，月亮怎麼可能摘下來呢？就算大臣們想破了頭，也不可能辦到。法師明白這個道理，所以他走到小公主的世界裡，去想解決的辦法，因為「解鈴還需繫鈴人」呀！

菩薩度眾生，有以「同事」攝眾，《仁王護國般若波羅蜜多經疏》説明同事攝是「如共一船，憂喜同故」。《法界次第初門》則説：「菩薩用法眼，明見眾生根緣。」不以自己的角度、觀感，而與有情眾生同心同眼、同悲同喜，才能找到問題的「解鈴」的方法。

水中撈月

在伽尸國，波羅奈城郊外，一處幽靜的山林裡，住著五百隻獼猴。

有天夜晚，他們遊行林中，找到一棵果實纍纍的尼俱律樹，便在樹上大快朵頤起來。

正當大家樂在其中的時候，猴王望著樹下的一口古井中，所映現的月影說：

「你們看，天上的月亮已經死了，大家趕緊想辦法把月亮撈起，莫讓世間長夜暗冥無光啊！」

眾獼猴七嘴八舌地商議著，這時猴王又開口說：

「我有辦法！我先捉住樹枝，你們其中一隻再捉住我的尾巴，然後一隻接一隻，必定可以將月亮撈起。」

說罷，猴王率先捉住樹枝，另一隻猴子再捉住猴王的尾巴，下一隻猴子再接上，一個接一個，接到最後一隻猴子時，離水面還有一點距離，牠才稍微一用力，樹枝承受不了眾獼猴的重量，「叭」一聲，斷了，所有的猴子都跌進了古井裡。

《摩訶僧祇律》的這則譬喻故事，意在提醒世人，莫為世間幻象所迷，終日追逐空花水月的結果，只是徒勞無功，甚至身陷苦痛之中，難以自拔。

永嘉玄覺大師更在《證道歌》中，以「鏡裡看形見不難，水中捉月爭拈得」，讓我們反思，錢財名利、愛情權位等，全都是空花水月，只知一味妄求，又得到了什麼呢？

世人貪逐不實的愛情、名位、錢財……就像獮猴欲撈水中月，月沒撈起反而喪失性命。何不斷然放下一切不必要的執取、妄求，能看透世間的虛妄假相，就能在水月人間裡，隨緣自在。

眞正的財富

誰才是真正富有的人？擁有良田萬頃？身價百億？兒孫滿堂？還是懂得珍惜自己所擁有的人呢？

有一個大富翁家產千萬，卻總是說：「窮啊！窮啊！」

朋友質問他：「你萬貫家財，為什麼還要哭窮呢？」

富翁說：「不知道什麼時候會有水災或火災，所謂『水火無情』，財產會給水火蕩盡啊！」

朋友又問道：「哪有這麼巧，這麼多的水火？」

富翁說：「貪官汙吏也會搶奪我的財產啊！」「哪有那麼

多貪官汙吏？」「不肖的子孫也會讓我傾家蕩產啊！」

富翁接著又說：「還有盜賊土匪、通貨膨脹、金融風暴、經濟不景氣等，都可能使我的財產一夕之間化為烏有。財產是五家所共有，我怎麼能不窮呢？」

另外，有一個平凡的農

夫，經常告訴別人，他是全國最富有的人。

稅捐處的人聽到之後，想要扣他的稅，就問他：「你有哪些財富呢？」

農夫說：「我的身體健康，有一位賢慧的妻子，還有一群孝順的兒女。更重要的是，我每天愉快的工作，農產品有很好的收成。我怎麼不是世上最富有的人呢？」

稅務人員聽完之後，恍然大悟，恭敬地說：「你不愧是一個最懂得人生之道、最具智慧的富者。」

真正的財富，不一定以銀行存款論斷，也不一定是指土地、房屋、黃金、白銀，因為這些都是五家所共有，個人無法永久保有。人生當中，唯有信仰、滿足、歡喜、慚愧、結緣、平安、健康、智慧等等，才是真正的財富，才能讓我們的心靈感到踏實與富足。

失散了的駱駝

有一個商人趕著一群駱駝，由於途中覺得疲倦，便在路邊一棵樹下睡著了。

當他一覺醒來，發現駱駝全數散失，著急地喊：「我的駱駝呢？我的駱駝呢？」

佛陀剛巧經過，就問商人：

「你要找的駱駝是哪一種？把種類告訴我，我幫你想想辦法。」

商人說：「我的駱駝有的老邁，有的跛腳，有的瞎了一隻

眼睛，總之，有好多種呢！」

佛陀聽了以後說：「瞎了左眼的那隻，往右邊去找；跛腳的，要往左邊去找；老邁的駱駝，在前面不遠的地方可以找到。」

商人照佛陀的指示去找，果真把所有的駱駝都找回來了。

「佛陀，你為什麼知道

駱駝的行蹤呢？」商人覺得奇怪。

佛陀說：「我來這裡的時候發現，路上有一邊的草都給動物吃過，而另一邊的草卻很整齊，我想瞎了左眼的駱駝，必定只能看到右邊有草，所以你往右邊一定可以找得到。同時，我也發現左邊的路上，有一邊深一邊淺的腳印子，因此建議你到左邊去找跛腳的駱駝。」

「另外，我在途中不遠處，看到一處地上有動物睡過、滾過的痕跡，想這必定是老邁的駱駝走不動了，在那兒躺下來休息，所以要你到前方去找。」

商人聽完佛陀的分析後，不禁為佛陀的智慧所折服。

如何才是一個真正的智者？不光只是從表相上的言語去判斷，從他內心的體悟，能否運用於生活上的行住坐臥，才是重要。尋訪名師、聞法學道也應慎重選擇，不能惑於外相的浮華玄虛，才不致誤入歧途，夭傷慧命，亡失法身。

石頭值多少錢？

一個弟子問他的師父：「人生的價值是什麼？」師父不直接回答，只是叫他拿一塊石頭到市集去，並交待他無論出價多少，都不要賣出去。弟子聽從師父的吩咐到了市集。一塊石頭，有人出價兩塊錢，有人出價五塊錢，最高出價到十塊錢。

弟子回到寺院，把市集的情況告訴師父，師父笑說：「很好！你現在再到黃金市場去，還是一樣只讓人出價就好。」

弟子帶著石頭又到黃金市場。原本在市集上只值十塊錢的

石頭，竟然有人出價到一千塊，一萬塊，甚至是十萬塊。這讓他既驚訝又興奮，趕緊帶著石頭奔回寺院。

「師父，師父，這塊無用的石頭竟然有人要用十萬塊買它呢！」師父只是說：「你再把它拿到珠寶市場去，記得只估價不賣。」

興奮不已的弟子來到珠寶市場，這次更讓他意外了，顧客一開口就是二十萬，五十萬，但不論價格如何飆高就是不賣，結果竟有人出價一千萬，他也只能無奈回答：「我師父說不許賣。」

回到寺院，他對師父說：「珠寶市場竟有人出價一千萬呢！」

師父這才拿起石頭說：「同樣的一顆石頭，在市集、黃金市場、珠寶市場各有不同的估價，那是因為人的眼光不同，水準不同。你要問我人生的價值是什麼，我無法告訴你，因為那取決於你用何等的眼光來看待自己的人生。」

人生的價值究竟為何？那得看我們要把自己的「人生」，是放在市集？放在黃金市場？還是放在珠寶市場上去「估價」了。

吃小和尚

世間上，有很多我們親眼所見、親耳所聽的事，並不見得是真相，怪不得佛陀常教誡我們：諦聽，諦聽，善思念之。

有一次，我與徒眾前往美濃朝元寺拜訪。

在往美濃的路旁，看到一個橫列的招牌，寫著「吃小和尚」。同行的徒弟對這個招牌一直耿耿於懷，嘀咕著什麼名稱不好取，非要取這個？

回程時，我們再注意看這個招牌，才發現先前我們是從左往右讀，因此是「吃小和尚」；如果從右往左讀去，是「尚和小吃」。這才恍然「尚和」是地名，小吃店取名為「尚和小吃」並沒有錯呀！

只因為我們不了解真相，才產生這樣的誤會。想想，不禁為我們的「誤解」啞然失笑。由此反思，很多時候、很多事，我們常不經意就犯了這樣的毛病。

就如，還沒聽清楚對方所表達的，便妄下定論；沒有弄清楚行為背後的動機，就忙著責怪；沒有理清楚主管交代的事項，就莽撞行事；沒有探查好市場的需求，便胡亂投資……所以，衝動，不耐煩，不經思考，不懂瞻前顧後，急於處理、表現，依著自己的情緒和看法行事，是讓事情無法圓滿的最大主因。

在接觸外界訊息時，不盲目接受，應該多方探究，謹慎思考，用心推敲，親身實踐，才能更貼近事情的真相，看見事物的本來面目，做出正確的判斷與選擇。

聞斯行諸？

被世人尊為「至聖先師」的孔子，門下弟子就有三千人之多。孔子對弟子的教導，是依照個人的特質與根器，施以不同的教育法。

《論語》便有一則孔子「因材施教」的記載：

有一次，子路問孔子：

「聽到一件合於義理之事，是不是應該立即付諸實踐？」

孔子說：「倘若父親、兄長還在的話，應該先去請示，不能馬上去做。」

又有一次，冉有也來請教，問：「聽到一件合於義理之事，是不是應該立刻去做？」

孔子回答：「是的，應該立刻去做。」

公西華看在眼裡，心裡覺得很奇怪，就去請教孔子：「為什麼老師對相同的問題，會有兩種不同的答案？」

孔子解釋：「那是因為他們兩人的個性不同。冉有的性格畏縮不前，所以我要他積極向前；而子路個性急躁，所以要他三思而行，不可莽撞行事。」

一個善於教學的老師，就是如此根據學生的資質，因材施教。

佛教的教主佛陀，也是根據眾生的根器，觀機逗教，應病與藥。對於執空者，佛陀說有；對於執有者，佛陀說空。能夠依教奉行者，佛陀耐心給予調教；不能依教奉行者，佛陀也方便加以攝受。

佛教有八萬四千法門，三藏十二部經典，無一不是因應世間有情的根器、性格所施設，透得此理，就能明白法法道同，而能在當中尋得適合自己的法門，不致尋尋覓覓，盲修瞎鍊了。

老婆婆的鼻子

在一個鄉村地方，有個信佛虔誠的老太婆，聽說念經很有功德，便請一位教書的老先生教她誦念《心經》。這位好心的老先生，不但教她念，還逐字作解釋。老太婆學會後，每天都在佛前懇切誦念。

有一天，老太婆念到「無眼耳鼻舌身意」時，忽然心生疑惑。她用手摸摸自己的眼睛，拉拉自己的耳朵，再壓壓自己的鼻子，一下子糊塗了。心想：眼睛、耳朵、鼻子不都在嗎？怎麼說「無眼耳鼻舌身意」呢？

為了弄明白這疑竇，她找了老先生，指著自己的眼睛，問道：「老先生！這是什麼呢？」

老先生答道：「眼睛。」

老太婆又拉拉耳朵問道：「這是什麼？」

老先生奇怪地說：「耳朵。」

老太婆又指指鼻子，問道：「這個又是什麼？」

「鼻子嘛！」老先生有點不耐煩地說著，隨即說道：「上次教你《心經》時，不都讀過這些東西嗎？」

老太婆這才說：「對啊！我就是來問你這件事，《心經》上說『無眼耳鼻舌身意』，可是眼睛、耳朵、鼻子不都明明在這兒嗎？」

教了幾十年書的老先生，被不識字的老太婆這麼一問，竟也瞠目結舌，無以作答了。

一般人以為眼睛、耳朵、鼻子都是實在的東西，卻不知六根都是因緣和合而成。不只六根，宇宙萬物，都是因緣聚集而有的，所謂「緣聚則生，緣散則滅」，都只是暫時的假相，暫時的存在而已。若因此而貪愛不捨、憂悲苦惱，為了「暫時的假相」庸庸碌碌，蹉跎一生，豈不可惜。

佛見笑佛

有一天，紀曉嵐陪伴乾隆皇帝參訪大佛寺。

來到天王殿，乾隆看見殿中的大肚彌勒佛，袒胸露腹，對著他們憨笑，很是有趣，因而靈機一動，想為難一下紀曉嵐。

乾隆指著彌勒佛問紀曉嵐：「紀學士，彌勒佛見了寡人，為什麼笑呢？」

紀曉嵐不慌不忙地答道：「這是佛見笑佛呀！」

乾隆又問：「這話如何說起？」

此時，紀曉嵐一本正經地說：「皇上乃文殊菩薩轉世，是

笑微臣
不能成佛啊

當今活佛。活佛來到佛殿禮拜，彌勒佛見了，怎能不笑呢？」

乾隆聽了雖然很高興，但由於沒有難倒紀曉嵐，心裡有點不快。

於是故意走了幾步，突然回過頭來又問紀曉嵐道：

「我看見彌勒佛也在對你笑，這又是怎麼回事？」

這話問得實在厲害，紀曉嵐不禁一怔。

乾隆見了，暗中偷笑，誰知紀曉嵐竟回答：

「陛下，彌勒佛對微臣笑，是笑微臣不能成佛啊！」

這時，乾隆也佩服紀曉嵐的急智，不禁哈哈大笑。

紀曉嵐的急智是懂得讓思考靈活、不被局限，因此有很多脫困的出路。世間事往往是一體二面，但看我們怎麼想。就如有的人積極，有的人消極；有的人想得深遠，有的人想得膚淺；有的人想得全面，有的人只顧片面。「怎麼想」左右了我們的決定與未來，能不謹慎嗎？

佛道比法

漢明帝夜夢金人，為一句「西方有大聖人也」，而派蔡愔等人出使西域，禮請印度高僧迦葉摩騰與竺法蘭到中國弘法。上自大臣，下至百姓，無不虔誠信奉，一時蔚然成風。

此番風氣引起道教側

目，請求漢明帝讓佛道公開比法較量。當天的比法臺上，一邊是氣焰高張的道士，一邊是泰然自若的迦葉摩騰與竺法蘭。

待雙方坐定後，道士首先發難：「你們佛教不是以善說義法而自詡嗎？那就先比論說吧！哼！你們若舉一，我們必定反三。」

迦葉摩騰聽後，把一隻腳舉起來，說：「我已經舉了一個，請你舉三個給我看。」

道士目瞪口呆，強自鎮定地說：「不與你逞口舌之能，來比理論好了。你們自稱是內學，說道家是外道，但自古以來講內外的，總是內不比外大，憑這點就該尊重我們！」

迦葉摩騰笑說：「天子居內宮，百姓居外城；內宮雖小，天子卻大。心在體內，手足在體外，心能無量無邊，手腳的運作卻很有限，可見佛教的內學比外道大。」道士又是一陣咋舌。

道士為了挽回頹勢，就說「比法術吧！」於是桌分二排，分別為道教經典及佛經舍利。道士口中唸唸有詞地舉起三昧真火，要燒佛經舍利，唸著唸著，反而是道教經書燒了起來，而佛經大放光芒。

迦葉摩騰袍袖一揮，縱身飛上天空說法：「狐非獅子類，燈非日月明；池無巨海納，丘無嵩嶽榮。」經過這次的比試，佛教終於在中國扎根。

大凡喜逞口舌之能者，往往言過其實，卻胸無點墨，時間一久便被人勘破。而經綸滿腹的人，總是謙卑待人，不輕忽任何一人，任何一事。《嘉泰普燈錄》有言：「一粒粟中藏世界，半升鐺內煮山川。」一粒小米、半升鐵鍋，雖微不足道，卻是大千世界的縮影，我們當以慧眼視之，就能在掌中把握無限，於剎那間把握永恆。

忘記自己

有一個小偷，專門趁沒人在家或深夜時下手偷竊。

他潛入房舍的方式多有不同：有時是慢慢地打開大門直接進去，有的時候從側邊鑽牆鑿洞而入，有的時候更是直

接破窗而入。

這天，小偷又到某家行竊，主人聽到聲音，慌張地躲到衣櫥裡。

小偷一進屋子，立刻熟練地翻箱倒櫃，然而整間屋子都要翻過來了，還是找不到一丁點值錢的東西。

最後，小偷打開衣櫥，發現藏在裡面的主人，雙方都嚇了一跳。

小偷責怪主人：「你是主人，幹嘛要躲起來？」

主人搔著頭說：「對不起！我家徒四壁，無顏見你，所以躲在櫥子裡。可你還不肯饒過我，硬是把我找出來。」

佛陀當初悟道時曾慨嘆：「奇哉！奇哉！大地眾生皆有如

來智慧德相……」，真如佛性每個人本自具足，遺憾的是，能夠明白這個道理的人卻很少，如同故事中的小偷和主人，不識自家寶藏，一個只知向外貪取，另一個雖然懷寶卻羞於見人。

人縱然沒有金銀財寶，若是品行端正，樂於與人為善，具慈悲道德，或者有正確的信仰，時常做好事、說好話、存好心，自然處處受人尊敬，何必把自己看成是一無所有的窮人呢？

故事中的小偷，只知費盡心機偷竊求財，卻忘失了自家有真寶。有形的財寶是五家共有，隨時都可能失去，無形的自家寶藏才是取之不盡、用之不竭的啊！

李子核

汝南邵南頓縣有一個人叫張助，在田裡種莊稼的時候，發現了一枚李子核。原想撿回去，後來看到一棵枯爛的桑樹洞裡有土，一時興起，便把李子核埋在土裡，並

把自己喝剩的湯水澆在土上。

經過一段時間，人們看見桑樹上長出了一棵李子樹，歎為稀有，便輾轉相告。

有天下午，一個人眼睛痛，跑去向桑樹祈禱：「假如李子君讓我的眼睛好起來，我一定用頭豬作為祭品，供獻在您的面前。」

過了幾天，這個人眼痛的症狀果然好了。其實眼痛本來就不是大病，可以自行痊癒的，然而他卻認為是李子君顯靈保佑。

他欣喜地到處宣傳，沒多久時間，消息像火一樣蔓延開來，說是有一個瞎眼的人因為向李子君祈禱，而重見光明。從此，遠近的人都聚集到桑樹下，祭奠禱告，坐車的、騎馬的，經常一聚就是幾千人，酒肉像雨點般落到樹下，十分熱鬧。

事隔一年，張助出遠門回來，見到這種情景，大驚說：「哪裡有什麼神明，這是我當初隨手種下的李子核呀！」

不明事理，在為人處事上就容易有所偏執，錯亂因果，做出錯誤的決定與行事。《佛本行集經》說「愚痴心恆生散亂」，故事中的人不明白事情的因果本末，一味迷信跟從，不但誇大宣傳、認非為是，更陶醉在自己的錯誤裡，實在愚痴。

《聽聞集》有云：「由聞知諸法，由聞遮諸惡；由聞斷無義，由聞得涅槃。」不明事理，違反因果，一切所言所行都將失序混亂。

因此，平時應該多方探究，多加思考觀察，才不致成為「向李子君祈禱」的愚人。

船不是我的

寧靜的江上，有一艘滿載乘客的船，就在快要到達彼岸時，突然有個人高喊：「船進水了！」

原來是船底破洞進水，一下子，全船的人個個驚慌叫喊。眼見江水漸漸滲入船艙，船夫趕忙搶救，乘客有的舀水，有的協助填補破洞，一時間，大家忙碌不已。

唯獨一位坐在船尾的乘客，卻是一副事不關己的模樣，悠閒無事地安坐原位，看著大家忙不迭的奔忙，還不以為然地說：「瞧瞧你們，破了就破了嘛！這船又不是我們的……」

就因為「不是我的」、「不關我的事」，所以才對社會人群失去關懷，這種要不得的心理，是現代社會人情疏離的病因之一。

佛教提出的緣起思想，「緣」指的是相互共生的關係。人是群居的動物，需要仰賴相互供給、彼此依存的關係才能存在，不論生活所需、知識的汲取、情感的互動都是如此。

現代人之所以活得不快樂，便是人與人之間，缺乏互信，冷漠相待，造成心靈的疏離感所致。

凡事只想到自己的人，對他人的苦難感到事不關己，對社會大眾漠不關心，對公共事務也一概無動於衷，甚至對父母、兄弟、親族等，都不懂得如何去關懷，缺乏與人相處的動力和感情，這樣的人生是很可悲的。

《孫子・九地》說到：「吳人與越人相惡，當其同舟而濟，遇風，其相救也，如左右手。」縱是相惡之人，面臨困難也當攜手齊心突圍。想想，生活所有都是各行各業付出一己之力才能成就，我們能不發揮同舟共濟的精神，回饋貢獻一己的力量嗎？人間有難時，能不以情義相扶持，幫助有緣無緣的人度過難關嗎？人世間就像一艘船，有情同乘同渡，一旦船翻了，自己又焉能存活？

培養人才

有一次，松下幸之助問人事課長：「假如別人問你松下電器是製造什麼產品的公司，你如何回答？」

人事課長答道：「我會告訴對方，松下電器是專門製造電器產品的公

司。」

沒想到松下勃然大怒，說：

「你們如果不是回答松下電器是培育人才的公司，並兼製電器產品的話，表示你們對人才的培養漠不關心。生產、銷售、資金等固然重要，但人才是企業的基石，如果連你們都不能努力去培養人才的話，松下電器還有什麼前途可言呢？」

這句「松下電器是培育人才的公司」，也成為眾所皆知的名言。

企業想要永續經營，人才的培訓是不可或缺的要件，人才更是維持一個國家強盛，具競爭力的基本要素之一。曹操在〈短歌行〉中抒發他求才若渴的願望，還先後發布「求賢令」

與「舉士令」；唐太宗尚為秦王時就開設文學館，廣納天下賢才，登基後更積極提拔各類人才為國家效力，而成就大唐盛世。

目前社會各行各業都在物色人才，卻慨嘆「人才在哪裡？」其實千里馬固然少有，但能夠「遇才不妒」的伯樂更是難得。人才之所以不被發掘，是因為沒有發揮實力的機會，就像孔老夫子空負匡時濟世的能力，卻未受到當朝的重用，屈原汨羅江上抱憾以終，蘇東坡烏臺詩案身陷囹圄，這都是國家的損失。

曾國藩說：「世不患無才，患用才者不能器使而適用也。」只要能夠善用、適任、重視人才，又何須慨嘆「一將難求」呢？

胡亂模仿的禿梟

從前，有一隻禿梟飛到宮殿上方，望見鸚鵡特別受到國王的寵愛，內心十分羨慕。禿梟趁著鸚鵡獨處時，飛近牠的身邊好奇地問道：「為什麼你特別受到關愛與照顧呢？」

鸚鵡回答：「我在國王的寢宮叫出美妙悅耳的聲音，國王聽了大悅，才對我寵愛有加。」

禿梟聽了以後，嫉妒忽由心中冒出來，牠暗自盤算：「我聲音的優美遠遠超過鸚鵡，假若飛到國王身邊鳴叫，勢必受到國王加倍的喜愛。」

擇日不如撞日，禿梟立即飛到國王寢宮的窗邊，大聲地鳴叫。國王正值午睡之際，被禿梟的叫聲驚醒，一陣毛骨悚然。他問衛士：「這是什麼聲音？讓人不寒而慄。」

左右衛士回答：「是一隻禿梟在外頭鳴叫。」

「派人將牠抓起來。」此時國王早已怒火中燒。

沒多久，禿梟便被抓到國王

跟前，此時的禿梟以為可以領賞，內心歡喜若狂。

不料，國王卻說：「原來就是這隻叫聲怪異的禿梟，擾亂我美夢，快將牠身上的羽毛拔光。」

不一會兒功夫，禿梟已全身光禿，被衛士丟到野外。疼痛難耐的禿梟呻吟哀叫，經過的飛禽鳥獸紛紛上前慰問：「你怎麼會變成這副模樣啊？」

禿梟滿懷瞋恨地抱怨：「我會如此淒慘，全都要怪罪鸚鵡的胡言亂語！」

禿梟自始至終，不懂得反躬自省，一味將過錯怪罪在鸚鵡身上，實在可悲。世間上如「禿梟」性格的人隨處可見，其實勇於認錯，不但無損氣節，反而會受到眾人的尊敬。

一個對自己缺乏自信，看不見內在特質的人，就只知模仿他人，終究只會落得「東施效顰」的笑柄。唯有看清自己，在自我的特質上發揮，才能散發自信的芬芳，受人注目。

裸人國

有一對兄弟備辦了物資，一起出門做生意。有一天，兩人來到了不穿衣服的裸人國邊界，弟弟對哥哥說：「這裡的風俗和我們不同，如果想要在此做買賣，就要入境隨俗。」

哥哥不以為然地說：「無論到什麼地方，禮儀都不可廢，怎麼可以跟他們一樣光著身子呢？」

弟弟勸哥哥：「古代不少賢人，雖然外相有所變化，但內心仍然正直，此即『隕身不隕行』，這也是戒律所允許的。」

哥哥想了一下，說道：「這樣吧！你先去看看情況如何，再派人回來告訴我。」

不到十天，弟弟就派人來告知：「一定要按照當地的風俗，才能成事。」

當時，裸人國有一個風俗，就是在每月初一、十五的晚上，大家會用麻油擦頭，以白土塗身，戴上各種裝飾品，以兩石相擊，男男女女一同牽手、唱歌跳舞。

弟弟也裝扮成這個模樣，加入他們的行列，一起載歌載舞。因此，無論是裸人國的國王或百姓，大家都十分喜歡他；國王不但買下弟弟帶來的所有貨物，並且付給他十倍的價格。

不久，哥哥也乘車來了，不過他滿口仁義道德，處處指責裸人國的不是，因此引起國王和人民的憤怒。大家把哥哥抓起來痛揍一頓，而他所帶來的財物，也全部被人搶走，所幸有弟弟幫他求情，才獲得釋放。

後來，兄弟兩人準備返回，裸人國的百姓全都來為弟弟送行，可是對同行的哥哥卻罵聲連連，不絕於耳。哥哥雖然不高興，也莫可奈何。

佛教講「同事攝」，就是站在對方的立場，以對方最能接受的方式來攝化。因此，《普門品》裡的觀音菩薩，有三十二應化身，只要眾生應以何身得度者，觀音即現何身而為說法，這就是「同事攝」。同樣地，無論是父母教育子女、老師教導學生、主管領導屬下，

也要以同事攝的方法，才能真正的攝受感動對方，達到教化的目的。

門外千竿竹短命

明朝奉旨纂修《永樂大典》之一的解縉，是洪武年間進士，官至翰林學士。解縉精於書法，更是吟詩作對的神童，為中國的詩書對聯留下不少膾炙人口的佳句。

在解縉家院門外，是一片大財主擁有的竹林子。一年新春，解縉以此景寫了一副春聯：

「門外千竿竹
屋內萬卷書」

這副春聯引來大財主的嫉妒，派人將竹子砍了，想讓解縉難看。解縉看到竹椿，便將上下聯各添一字，變成：

「門外千竿竹短

屋內萬卷書長」

財主見狀更怒，索性叫人把竹林連根刨盡。解縉望著空蕩蕩的竹林，又將春聯添上兩個字：

「門外千竿竹短命

屋內萬卷書長存」

解縉的巧思，讓大財主瞠目結舌，無技可施了。

有一次，解縉隨永樂皇帝遊花園，皇帝要解縉以雞冠花作詩。解縉說：「雞冠本是胭脂染。」見永樂帝手執白色雞冠花，詰問：「不是胭脂紅啊？」解縉笑指白色雞冠花，吟誦：「今日為何淡淡妝？只因五更貪報曉，至今戴卻滿頭霜。」詩甚美，意境生動，讓皇帝開懷不已。

大財主的刁難與永樂皇帝的試煉，解縉都能隨機應變、出言成章，是因為他胸有點墨，滿腹珠璣，因此，見山見水能成文。胸有成竹的人，面對變化多端的外境，自有一套應對之方；有自信的人，大風大浪也能無畏向前。

生死

從前有一對非常恩愛的夫妻，後來男主人因病死了，妻子十分悲傷，每當回想起丈夫生前的種種好，就忍不住淚流滿面。

雖然她按照當地風俗，已經把丈夫火化後埋到墳裡，然而悲傷的妻子依舊像丈夫生前一樣，天天煮好美味的菜肴，帶到丈夫墳前祭拜。每次祭拜時，就痛哭流涕地說：「親愛的丈夫啊！你吃一點吧！」

就這樣，妻子無心工作，天天把時間花在祭奠丈夫上，漸漸地，家裡的財產一點一點花費殆盡。

有一天，牧童看到婦人祭拜的情況，於是他把一頭死牛搬到墳墓旁。等到婦人再來祭奠丈夫時，牧童便跪在死牛前哭泣：「親愛的牛啊！這是我割的嫩草，你再吃一點吧！」

婦人對牧童說：「這牛

已經死了，不會再活過來，趕快回去告訴父母吧！你再哭也沒有用了，真是傻孩子！」

牧童回答：「我一點也不傻！我的牛才剛死，多叫牠幾聲，或許還能活過來。你的丈夫死了那麼久，都已經火化埋葬，你還哭著讓他吃東西，你才傻呢！」

婦人聽完牧童的話，想一想也對，從此恢復正常的生活。

生死本是人生中很自然的事，人一出生就注定會死。死並非生命的結束，而是另一場輪迴的開始，死了之後還會再生，生了之後還會再死，循環不已。

佛門的許多大德高僧，認為生要歡歡喜喜而來，死也要歡歡喜喜而去！事實上，真正的「了生脫死」，生要能了解生命的意義與價值，當下活得自在；死要能夠認識死後的世界，對未來充滿信心與希望。果能如此，才能無懼生死、超越生死，這也是生死的智慧。

相依得救

有一棟房子失火，屋子裡面有三個人，一個是聾子，一個是瞎子，一個是跛子。這三個人要怎麼做，才能逃過這場災難呢？就是他們三人要通力合作，瞎子背著跛子，聾子攙著瞎子，由跛子負責指路和呼救。就這樣三個人一條心，安

全地逃出火場。

故事中的跛子、聾子、瞎子，就如同佛教提出的「因緣」；世間上所有的萬物，都是因緣和合而成，相互依存而生，沒有一樣東西可以單獨存在，這是宇宙人生不變的真理。

以花朵為例，花之所以能夠綻放，先要有因（種子），還要有緣（土地、水分、陽光、空氣等等），眾緣和合，才能開花結果。

還有我們居住的房子，不光有磚頭、水泥，就可以建造一棟房子，還必須要有瓦片、鋼筋、木材、洋釘、玻璃等等材料，加上人類的智慧巧思及工匠技藝，才能遮風避雨，堅固耐用。

人身是由四大五蘊和合而成的，骨頭、皮肉、毛髮、呼吸、體溫、唾液等等，缺一不可，少了任何一樣，就不能存在，如果有一些因緣不協調，身體就會有毛病。

佛教所談的因緣法則說明著，世間上的萬事萬物，都是依因待緣的聚合，依賴相互的關係而存在，所以因緣法就是真理。

能夠深觀因緣，就能透視萬法的本末。如果回歸到我們的人生來說，平時要能觀照生命中的人事物，要感謝因緣，要培養因緣，平時緣結得廣，處事自然順利方便。日常行事，再也沒有比結緣更重要的了。

所謂「團結就是力量」，就是說明和合凝聚便能存在，如同聾子、瞎子、跛子三個人，因為互相幫助，互相合作，才能順利逃出火窟。

金剛怒目・菩薩低眉

隋朝有位吏部侍郎叫薛道衡，一天他到鍾山開善寺去參訪，迎面走來一位小沙彌。薛道衡突然動了一念，想考考這位小沙彌，於是上前問道：「金剛為何怒目？菩薩為何低眉？」小沙彌不假思索立即回答：「金剛怒目，所以降伏四魔；菩薩低眉，所以慈悲六道。」意思是金剛圓睜雙目，才能夠降伏四魔；菩薩低眉善目，在六道中大發慈悲。

薛道衡聽了這句話，感到很驚訝，一個小沙彌都有如此敏捷的才思，更何況是大法師，於是不敢再隨意問難。

「金剛怒目」象徵威力的折伏，「菩薩低眉」代表慈悲的攝受，兩者雖然展現出不同的相貌，但都是針對眾生根機而顯現的應化，都是度眾的無上方便法門，所以佛教裡無論是金剛怒目或菩薩低眉，都涵容了無量的慈悲。

尤其，臨濟門下的棒喝教育，更能說明這個道理。禪師們的瞠目喝斥，雖然外表像怒目金剛，但內心裡殷殷期盼弟子悟道的心情，卻是菩薩的慈悲心腸。在家庭裡，慈母猶如慈心低眉的菩薩，嚴父則如同怒目護法的金剛。

人很容易從外相做錯誤的判別，認為大聲喝斥、表情凶惡的是壞人，低聲細語、慈眉善目的是好人。有些人雖然是刀子嘴，卻有豆腐般的柔軟心腸，因此不能只從表面下判斷，更要看背後的用心。如果能夠了解到這一點，許多主管下屬、婆媳之間的問題，就能迎刃而解。

生活中，我們不僅要接受低眉善目的菩薩，對於護法怒目的金剛也別急著排斥，或許也可以從他們身上，學習到不少寶貴的經驗和智慧。

一念慈心

春秋時代，宋國與鄭國打仗，決戰前夕，宋將華元特別準備羊肉慰勞部下，希望藉此鼓舞士氣。

將士們人人都吃到羊肉羹，唯獨替華元駕馭戰車的車夫羊斟沒有分。羊斟覺得很不公平，認為華元

太不把他放在眼裡，因此懷恨在心。

當鄭、宋兩軍交戰得很激烈時，華元命令車夫將戰車駛向敵軍稀少的那一方，不料戰車卻往相反方向，朝著敵軍密集的地方直去。

華元驚慌喝道：「你要去哪兒？」這時羊斟面有慍色地回答：「昔日我能不能吃羊，由你決定；今日要將戰車駛往何處，由我決定。」

由於車夫將華元的戰車駛入敵軍陣營，主帥被俘，宋軍因而喪失鬥志，吃了敗仗。

無獨有偶，西晉時期的顧榮，有一次也是因為吃食，而得到貴人的幫助。

據說顧榮在洛陽時，有一天應邀赴宴，席間發現端烤肉的人流露出很想吃烤肉的眼神，於是顧榮把自己那一份給了對方，同桌都因此而譏笑他。

後來，永嘉之亂起，顧榮渡江避難，每次在危急時刻，總有一個人出現在身邊，幫助他度過難關。原來，這個貴人就是當時端烤肉的人，由於感念顧榮的一份慈心，因此他不顧自身的安危，結草銜環，以報滴水之恩。

「慈悲之心，生生之機」，顧榮的一念悲憫之心，不僅使他在危難時刻得到幫助，也為自己留下一線生機。因此，我們為人處事要慈悲厚道，先要待人好，別人才會善待我們。萍水相逢的人，都應當如此對待，更何況在公司、團體裡擔任主管者，一個不察，可能獲致華元的下場，因此要能慈悲愛護屬下，體彼如己。

西門豹巧智懲惡霸

西門豹是戰國時期，魏國著名的政治家、軍事家及水利家。他一生為官清廉，心繫百姓，初到鄴縣任職時，經常下鄉巡視，關懷人民的生活。他很疑惑，縣裡為何人民稀落，田地荒蕪，百業蕭條，所到之處，盡是滿眼荒涼？經過一番調查才知，人民是為河伯娶妻所苦惱。

鄴縣因為水利設施不完善，一到雨季即氾濫成災，縣中女巫藉此機會，勾結地方官員，假藉河伯娶妻，榨取錢財。家家戶戶害怕女兒被河伯相中，有能力者，紛紛送錢給女巫，希望別選上自家女兒；窮困者，只好移居他鄉。西門豹知道此歪風後，決心懲治這些地方惡霸。

河伯娶妻那天，西門豹也來到河邊。他命女巫將新娘帶到跟前：「這新娘不美，煩勞女巫前往河裡與河伯商量，等我們選上美麗女子，擇日再送來。」說畢，士兵們便將女巫投入河中。

「怎麼還不見女巫上岸？」西門豹滿臉疑惑。「讓女巫的弟子去催促催促！」士兵們又將女巫的弟子投進河裡。等了一陣子，仍未有動靜，西門豹再度開口：「看來女人辦不了事，只好請地方官員親自出馬了。」

正要命士兵將官員丟下河，這些貪官汙吏嚇得跪地求饒，西門豹才說：「看來河伯將女巫們留下，你們可以回去了。」

從此，河伯娶妻之事，就銷聲匿跡了。

之後，西門豹親自勘測水源，並發動百姓鑿渠，引河水灌溉農田，不到幾年光景，就使得鄴縣年年豐收，百姓富足安樂。西門豹破除迷信，為民造福的事蹟，深受人民愛戴；「以其人之道，還治其人之身」的智慧，更廣為後世傳頌。

一個賢能者，是將他人的利益置於個己的生命之上，驅策自己安眾生苦，撫眾生心，也就是佛教所說的「行菩薩道」。

馬克．吐溫死了

被稱為美國「文學中的林肯」的知名作家馬克．吐溫，作品中常諷刺、嘲弄時代及社會的醜陋，及對底層社會的同情，同時，他也是一個頗具幽默感的人。

一八七三年，他與查．沃納合寫一部長篇小說《鍍金時代》。這部小說的內容，主要在諷刺、揭發美國南北戰爭結束後，資本主義盛行，引發社會投機及政治腐敗的歪風。

在新書發表會上，記者詢問小說內容的真實性，馬克．吐溫表示：「美國國會議員有一半是傻瓜。」此語一出，國會

議員認為這句話已經對他們造成毀謗，要他公開道歉。

馬克・吐溫欣然接受，隔天就在報紙刊登啟示說：「本人對於這次的言論，深感抱歉，因為美國國會議員有一半不是傻瓜。」

又有一年愚人節，有人開了馬克・吐溫一個大玩笑：

在紐約的一家報紙上，報導他死亡的消息。報導一出，馬克・吐溫的親朋好友紛紛從各地前去弔喪。

沒想到，當他們到了馬克・吐溫家的時候，卻看見他好好地坐在桌前寫作。

大家原本悲慟的心情頓時一冷，開始氣憤地譴責這家報紙造謠，馬克・吐溫卻平心靜氣地說：「這個報導千真萬確，只不過把日期提前一些罷了。」

馬克・吐溫的這一句話，讓人們對「死亡」的惶恐、不安、厭惡、迴避，變得能夠輕鬆面對。

「幽默」足以讓人生變得灑脫、自在，讓生活時時都有樂趣，不致索然無味。現代人常常為了工作、課業、情感、經濟，而覺得壓力十足，喘不過氣。這時候，如果能以「幽默」的心情面對，便能朝健康、積極的面向思考，問題也就能迎刃而解了。

添油香

善惡好壞究竟如何判別？是以「相」，還是以「體」？

有一個惡人過河，因為橋被洪水沖走，便跑到寺廟裡，將木雕神像扛來做橋，墊腳而過。

這件事被一位善士撞見，不禁直喊：「罪過！罪過！怎麼可以這樣褻瀆神像！」

然後趕緊把神像送回寺廟，並且供以香花、水果。

這時神像卻開口要求善士添油香，善士質問道：

「惡人毀壞你，你不責怪他，我保護你，你怎麼反而要我添油香？」

神像說：「因為他是惡人，我何必惹他？因為你是善人，我怎麼可以不叫你做好事呢？」

做人行事，都應該深觀因緣，多方思考，才不會盲目跟從，盲目下決定，白白錯失了好因好緣。

就如佛教中，維摩

居士入於酒肆、淫舍、博弈戲處，示法度眾，如果我們眼光只停在事相上看，又如何能看到維摩居士行大乘法的菩薩心呢？

所以，文殊菩薩問：「菩薩云何通達佛道？」維摩居士回答：「若菩薩行於非道，是為通達佛道。」這是因為雖然行於非道，卻是無惱恚，無染著，安住淨戒，常行慈忍，超越了善惡的分別，看清了世間的實相，當然所行所為都是通達佛道。

常人總在事相上琢磨、著意：「我做了善事」、「我添了油香」、「我保護你」、「我對你錯」……在世間的善惡、對錯、輕重、行與不行、尊貴與賤貧之間計較，患得患失，滋生事端，看不清真相，也看不透個中的因緣本末，因此蹉跎人生中每一個可以行善增上、開發智慧的機會，甚為可惜。

善用「三問」

人在世間，要有時空的認知，才能人我融洽和諧，處事順遂無礙、游刃有餘。怎麼說呢？有一個故事可以說明。

有一個太太打電話到消防隊求救：「不得了，不得了，我家失火了！」

消防員問：「你家在哪裡啊？」

這位太太更是著急：「唉呀！我家的廚房失火了！」

消防員加重語氣，說：「我是問你們在哪裡？」

「就是廚房裡面嘛！」

「你家廚房在什麼地方啊？」

「就在我家裡嘛！」

「你家在哪個地方，該怎麼去，你要告訴我啊！」

「你開消防車進來就好了嘛！」

兩人就這樣一來一往，最後，消防員還是不知道失火的地點。由於這位太太與消防員心裡沒有時空概念，無

法掌握時、地、人，就只能雞同鴨講，事情根本無法解決。

生活在世間，任何人都離開不了人間、時間、空間。一個人為人如何，處事圓不圓融，能不能掌握人生，但看他如何與人相處往來，時間如何分配運用，空間如何規劃安排。

人在世間，應該善用「三間」：空間上，懂得「以退為進」、「回頭轉身」、「無住無著」的妙義，開拓寬廣無垠的內心世界。時間上，明白時光易逝、以古為鑑，積極運用時間。人間上，了解「以眾為我」、「你大我小」、「眾緣所成」的道理，心懷感恩。能夠善用三間，人人都可以做個歡喜自在的人間行者！

虛榮之舉

生活中，我們是不是曾經覺得茫然若失、失去動力？這時，不妨停下腳步思考一下，引發這些困境的根本原因為何？當然，原因有很多，有些時候可以從自身的所行所想探出端倪。

一條街上，有兩個人在吵嘴，吵得不可開交，旁邊圍攏著一群

愛慕虛榮的人，想替他倆勸解。首先，有一個裝金牙的人說道：「請你們不要吵了，讓我來給你們陪個笑吧！」說著就咧開滿嘴的金牙，大笑起來。

這時，一個臉上擦粉的人很快的站起來，指著自己的臉說：「請不要吵了，賞我一個薄面吧！」

手上載著金戒指的人，立刻握起拳來揮舞，說：「你們再吵下去，我就給你們一人一拳。」腳下穿著新皮鞋的人，說：「你們若再吵，我可要給你們一人一腳。」說著，撩起褲管，作勢將腳抬了起來。

一個身穿新衣服的人，大聲說：「別吵了，一切包在我身上！」說著，拍拍自己的胸膛。

這一群愛慕虛榮的人，不能用道理來說服人，也不知用道德來感化人，只是用外表的裝飾、穿著來誇耀自己。難道衣服、鞋襪、金牙，就能夠表現一個人的偉大崇高嗎？

有的人，不只日常用品、穿著衣物，都要講究名牌，講求華麗，凡事更愛出風頭，喜歡受人讚美褒揚，經常吹捧自己，賣弄學問。一味追求虛榮、貪戀浮名富貴，終究只是「金玉其外，敗絮其中」的空殼子罷了。

一個人的氣質與內涵是無法裝飾的，人格的崇高與偉大更不是靠繁華堆砌來的。倘若只求外表，不務實際，一生只能為虛榮心綑綁，患得患失，不能自在。還不如自我充實，實在做人做事，認清自己的價值，勤懇奮發向上。

鳶鳥銜魚

有一天，漁人在捕魚，一隻鳶鳥猝然飛下，攫捕了一條魚。就在同一時間，約有千隻的烏鴉，也看見了魚，於是聒噪地追逐鳶鳥。

不管鳶鳥飛到哪裡，

成群的烏鴉就跟著飛到哪裡，鳶鳥不論飛東飛西，滿天成千的烏鴉都緊追不捨。

鳶鳥無處可逃，不知如何是好，後來由於長久疲累的飛行，心神渙散，魚就從嘴裡掉下來了，那群烏鴉便立刻朝著魚落下的方向，窮追不捨。

鳶鳥如釋重負，棲息在樹枝上，心想：

「我背負著這條魚，讓我恐懼煩惱，現在沒有了這條魚，反而內心平靜，沒有憂愁。」

這條魚，象徵著我們內在的欲望；有了欲望，就有所造作，煩惱也像滿天追逐的烏鴉，緊緊地跟隨著我們，讓人日夜不得安寧。

《大方廣如來祕密藏經》中，佛陀與迦葉有一段對話，說的即是「千年暗室，一燈即明」的典故。縱然暗室已有千年，可是只要點亮了燈光，千年的黑暗，便能瞬間消失。

這說明了，即使我們百千萬劫以來，造了許多業障，只要深信如來，勤修定慧，往昔所造罪障，就如明燈照破黑暗，煩惱障礙便能消逝。因此，佛教極為重視般若智慧，般若就如明燈，能消除黑暗的煩惱，引導我們走向光明自在。

煩惱的根源，在於不明真相，於世間種種，生起貪愛欲求，以致百千歲都身處暗室。因此，佛陀要我們對現起的諸相，不住於心，進而深觀因緣本末，逐步觀照內心微細的動念之相，在念念來去起伏間，了悟不實，就能度一切苦厄。

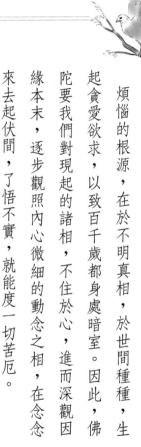

適合的人生

希臘哲學家柏拉圖請教他的老師蘇格拉底：「什麼是愛情？」

蘇格拉底沒有直接回答，只是告訴他：

「你到麥田裡選一株最大最好的麥穗，記住：你只能向前走，不可以回

頭。」

柏拉圖聽了老師的指示後，立刻前往麥田。

當他要摘下第一株麥穗時，他心想：「前面可能還有更大的。」

於是他再向前走，當想摘下麥穗時，又想：「前面可能還有更大的。」

就這樣走過了整片麥田，他終究沒有找到一株令他滿意的麥穗。

「因為只能摘一次，又不能回頭，即使看到好的麥穗，又怕前面有更好的，直到走到了麥田的盡頭，我也錯過曾經出現的美好。」柏拉圖垂頭喪氣地說。

「這就是愛情！」蘇格拉底這才言簡意賅地說了。

對於人生的一切選擇，我們往往為了大小、美醜、貧富、高低所繫縛牽絆，卻忽略了自己內心真正的需要。

其實，適度適宜才是重點，就像男女結婚要適齡，穿鞋大小要適足，煮菜鹹淡要適度，應對進退要適宜，人生的景點只要站對適合的角度，自然能夠看到令人心曠神怡的風景。

合適，不一定是最好的，可是有多少人能夠透徹這個道理？有的人一味追求升官晉級，但若不懂得人生，儘管坐擁權勢，也是空虛；有的人痴想萬貫家財，但又能日食幾何？有的人執著於愛情，但若不懂得珍惜所擁有的，愛情也不過是明日黃花。人生有很多選擇，懂得選擇適合自己的，安於自己的位置，生命一樣豐美。

羅剎鬼

從前有一個戲班子，因為國內鬧饑荒，他們只好帶著道具到國外另謀生計。

途中，必須經過一座山，傳說住有吃人的羅剎鬼，因此這戲班子拚命趕路，想在天黑前趕到村落去投宿。

夜幕已低垂了，他們還是無法趕到村落，只得在山中過夜。山上氣溫很低，寒風刺骨，他們生起火堆取暖，並挨近火堆睡覺。

戲班子裡，有一個人生病，禁不住入夜後的寒冷，便從道具箱中隨手拿了一件戲服穿上，坐在火堆邊取暖，而這件戲服恰巧是扮羅剎鬼穿的。

夜半，有人從夢中醒來，睡眼惺忪間，看到火堆旁坐著一個羅剎鬼，嚇得大呼大叫，拔腿就跑。

這人的倉皇，也驚動了大家，整個戲班子都盲目地跟著逃跑。

穿著羅剎鬼戲服的人看見大家奔逃，以為發生了什麼事情，也跟在後頭拚命跑。

跑在最前面的人，看到後面的羅剎鬼也追上來了，更加恐怖害怕，於是死命狂奔，也不管荊棘和石頭，不管小河和溝壑，不顧一切地向前飛奔。最後，個個精疲力盡，遍體鱗傷。天亮之後，大家這才發現，原來後面追來的人，並不是羅剎鬼，而是自己的同伴。

《金剛經補註》中，川禪師有句偈頌：「泥塑木雕兼彩畫，堆青抹綠更裝金；若將此是如來相，笑殺南無觀世音。」禪師以此偈呼應佛陀所說的「若以色見我，以音聲求我；是人行邪道，不能見如來」，常人總在色相上尋求佛境界，貪著六根塵緣，卻不明如來法身非色非聲。倘若不離眼耳鼻舌的假相，不從心地用功夫，終究只是妄上求妄，蠅子投窗罷了。

【人間佛教叢書】 星雲說喻 六 般若

作　　者　星雲大師

執行編輯　妙昕法師、有融法師
美術編輯　洪昭賢
繪　　圖　龍信羽、陳美美

出版·發行　香海文化事業有限公司
發 行 人　慈容法師
執 行 長　妙蘊法師

地　　址　241 新北市三重區三和路三段 117 號 6 樓
　　　　　110 臺北市信義區松隆路 327 號 9 樓
電　　話　(02)2971-6868
傳　　真　(02)2971-6577
香海悅讀網　www.gandha.com.tw
電子信箱　gandha@gandha.com.tw
劃撥帳號　19110467
戶　　名　香海文化事業有限公司

總 經 銷　時報文化出版企業股份有限公司
地　　址　333 桃園縣龜山鄉萬壽路二段 351 號
電　　話　(02)2306-6842

法律顧問　舒建中、毛英富
登 記 證　局版北市業字第 1107 號

定　　價　新臺幣 280 元
出　　版　2019 年 7 月初版一刷
I S B N　978-986-97229-5-7
建議分類　寓言 | 哲理 | 心靈
版權所有　翻印必究

國家圖書館出版品預行編目 (CIP) 資料

星雲說喻 . 六 , 般若 / 星雲大師作 . -- 初版 . -- 新北市 :
香海文化, 2019.07 352 面 ; 11.5X18 公分 (人間佛教叢書)
ISBN 978-986-97229-5-7 (精裝)
224.519　108007554